MARCO POLO

BESTE STADT DER WELT
Wien
2018

Hey, Alltag!

Schon klar, du bist immer da. Aber wenigstens kann man dich bunt anmalen: beim Tortenschlemmen, fein Frühstücken oder hart Feiern, auf Spaßtour mit den best friends oder beim romantischen Dinner zu zweit. Der Cityguide MARCO POLO »Beste Stadt der Welt – Wien« hat jede Menge Tipps parat, um Farbe in alle Lebenslagen zu bringen: am öden Montagabend, wenn die Schwiegereltern kommen oder wenn sportliches Auspowern angesagt ist. Damit ist klar: Die beste Stadt der Welt – ist die eigene! Denn sie hat alles zu bieten, zwischen Oper, Prater, Ottakring und Donaustadt. In jedem Moment und für jedes Gefühl. Hey, Alltag, haaaallo! Willste etwa schon gehen?

INHALT

ALLTAGS-HELDEN: MONTAG BIS FREITAG

FEIER-ALARM!

WOCHEN-ENDE – GAAANZ GEDIEGEN

€€€ Exklusive Adresse (goldene Kreditkarte mitnehmen!)

GANZ HINTEN: EVENT-KALENDER ZUM HERAUSNEHMEN!

UNTERWEGS MIT …

HUNGER? GEGESSEN!

ESSEN? GEHT AUCH.

DIE JAHRESZEITEN IM STADTVIERTELCHECK

ALLTAGS-HELDEN: MONTAG BIS FREITAG

POWER TO GO

Frühstück einpacken, das Büro wartet nicht

MUNTERWERDEN AUF ITALIENISCH

In diesem original italienischen Stehbuffet lässt sich der Tag mit Esprit beginnen. Das Cin Cin Buffet von Maria Fuchs in der Schottenbastei ist stylisch und authentisch zugleich. Der Espresso kommt aus Neapel und schmeckt auch so. Und wenn noch etwas Zeit für eine Stärkung bleibt: *Focaccia* und *dolce* sind sagenhaft.

➔ CIN CIN BUFFET

1. Bezirk | www.cincinbuffet.at | Mo–Fr 7.30–22, Sa 10–22 Uhr | Schottenbastei 2 | Tel. 0664 4 31 77 42

KAFFEE, KÜHL GENOSSEN

Die superschicke Third Wave Coffee Bar mit den schrägen Lampen bietet Edel-Espresso bis Filterkaffee in den verschiedensten Varianten sowie Cold Drip und Cold Brew. Die nachhaltigen Bohnen stammen von der deutschen Rösterei Wildkaffee. Versuchen Sie den Hausblend (N°11).

➔ BALTHASAR KAFFEE BAR

2. Bezirk | www.balthasar.at | Mo–Fr 7.30–19, Sa. 9–17 Uhr | Praterstr. 38 | Tel. 0664 3 81 68 55

PREISGEKRÖNTE PIRATEN

Keine Angst vor diesen Freibeutern: Abenteuerlich ist in diesem hippen Schuppen nur die Konstruktion der Holztheke. Aber die Mannschaft der Coffee Pirates hinter dem alten AKH ist extra entspannt und freundlich. Und nachhaltig: Der frisch gemahlene Kaffee ist von hoher Qualität und fair gehandelt. Gerade erst hat der Falstaff die Coffee Pirates als besten »Third Wave Coffee in Wien« ausgezeichnet.

➔ COFFEE PIRATES

9. Bezirk | www.coffeepirates.at | Mo–Fr 8–18, Sa/So 9–15 Uhr | Spitalgasse 17 | Kontakt: office@coffeepirates.at

DER LEITWOLF BRINGT SIE AUF TRAB

Das Wolfgang in der Zieglergasse ist nichts für Frühaufsteher. Wenn Sie aber erst nach acht Uhr im Büro sein müssen und auf der Suche nach einem hochprozentigen Kaffee zum Munterwerden sind: voilá! Im Designerklamotten-Laden gibt es ein paar Kaffeesorten, die sie in der Früh garantiert auf Trab bringen. **INSIDER TIPP** der hauseigene Espresso-Roast »Leitwolf«.

➔ CAFÉ WOLFGANG

7. Bezirk | www.dieparfuemerie.net/wolfgang | Di–Fr 8–19, Sa 11–18 Uhr | Zieglergasse 38 | Tel. 0650 2 20 03 80

Betört

von den Brioche der Kaffeeküche

KEIN ENTKOMMEN AUS DIESER KÜCHE

Wenn Sie es besonders eilig haben, machen sie besser einen großen Bogen um die Kaffeeküche im Jonasreindl. Achten Sie nicht auf den Duft, der von drinnen kommt! Für das reizende kleine Lokal in der Passage unter der Hauptuniversität sollten Sie Zeit einplanen – selbst für einen Coffee to go. Denn meist stehen die Kaffeebegierigen davor Schlange. Aber das Warten lohnt sich. Versuchen Sie die INSIDER TIPP Brioche – am besten frühmorgens, wenn sie frisch aus dem Ofen kommen.

➔ KAFFEEKÜCHE

1. Bezirk | www.kaffeekueche.at | Mo–Fr 7–20 Uhr | Schottentorpassage 8

GRÖNLAND UND CAFÉ? JAWOHL!

Kennen Sie den Ausdruck Kaffemik? Nein? Das ist Grönländisch und heißt Café. Und es ist der Name einer kleinen, aber feinen Kaffeebar im Siebten, die mit einem reichhaltigen Angebot von außergewöhnlichen Bohnensorten unabhängiger Röster besticht. Und auch für eine süße Stärkung eignet sich das Kaffemik. Die Croissants sind *nizhóní,* soll heißen: super!

➔ KAFFEMIK

7. Bezirk | www.kaffemik.at | Mo–Fr 8–18, Sa 10–18, So 12–18 Uhr | Zollergasse 5 | Tel. 0650 5 15 15 35

Fifties alive

ist das Motto am Fluss

YES, WE LUNCH!

Arbeit lassen, Essen fassen

DER KLASSIKER AM SCHWEDENPLATZ

Dieser Mittagstisch unweit vom Schwedenplatz hat einen gewichtigen Nachteil: seine Bekanntheit. Ohne Reservierung geht im Motto am Fluss wenig. Wenn Sie aber einen Platz ergattert haben, kann nichts mehr schiefgehen. Hier werden nur hochwertige biologische Zutaten verwendet. Besonders lecker: INSIDER TIPP das selbst gebackene Brot. Die Atmosphäre ist stylish, aber unaufdringlich. Zum Mittagessen ist es dort auch deutlich günstiger als am Abend, wenn sich hier bevorzugt Geschäftsleute treffen.

➜ MOTTO AM FLUSS

€€€ | 1. Bezirk | www.mottoamfluss.at | tgl. 11.30–14.30, 18–2 Uhr | Schwedenplatz 2 | Tel. 01 2 52 55 10

SCHWEINSBRATEN MITTELMEERISCH

Einfach nur anständig essen? Dann sind Sie beim Mittagstisch richtig. Gekocht wird hier mit regionalen und saisonalen Bio-Zutaten. Mediterrane und orientalische Einschläge sind zwar zu spüren, aber auch Schweinebraten steht immer wieder auf der Karte – und zwar nur bis halb vier. Wobei: Beim Reden kommen die Leut zusammen. Für ein privates Essen mit einer kleineren Gruppe können Sie den INSIDER TIPP Mittagstisch auch zu späterer Stunde buchen.

➜ MITTAGSTISCH

8. Bezirk | mittagstisch-wien.jimdo.com | Mo–Fr 11.30–15.30 Uhr, abends n. V. | Lerchenfelder Str. 94–98 | Tel. 0699 17 33 14 97

WO WARTEN FOLTER IST

Wer einfach so ins Bistro hineinschneit und einen freien Platz bekommt, etwa an der großen Holztafel, der hat Glück. Denn Wartende erleiden Höllenqualen, wenn die französischen Kellnerinnen bis zum Überquellen gefüllte Teller vorbeitragen und der Duft von Quiches und Tartes aus der offenen Küche vorüberzieht. Zu empfehlen sind die Salate (etwa die »Belle Fermière« mit Putenbrust, Feigen, Birnen, roten Zwiebeln und Parmesan für 9,40 Euro) und Tartines – schmackhafte Schwarzbrotkreationen mit außergewöhnlichen Belägen.

➜ LE BOL

1. Bezirk | www.lebol.at | Mo–Sa 8–22, So 10–20 Uhr | Neuer Markt 14 | Tel. 0699 10 30 18 99

NUDELSUPPE MACHT FROH

Egal, wofür Sie sich in diesem sonnigen Gassenlokal im Achten entscheiden: Eine Suppe mit Nudeln ist immer mit von der Partie, da ist das Nguyens Pho House traditionell. Denn in der vietnamesischen Küche dreht sich alles irgendwie um die hausgemachte Brühe. Diesen Hauch von Asien wird Ihnen Ihr Gaumen besonders an kalten Wintertagen zu danken wissen. Eines noch: Probieren Sie die INSIDER TIPP Goi-Cuon-Sommerrollen!

➔ NGUYENS PHO HOUSE

8. Bezirk | www.nguyensphohouse.at | tgl. 11–22 Uhr | Lerchenfelder Str. 46 | Tel. 01 9 56 53 24

SORGLOS SCHARF

Lassen Sie sich von dem Namen »Schönscharf« nicht abschrecken. Der Name ist zwar im schicken Innenstadtlokal des Musikers und Asien-Afficonados Hubert Mauracher durchaus Programm. Sie müssen aber nicht befürchten, sich bei den ausgefallenen Mittagsmenüs die Zunge zu verbrennen. Ausgewogene Schärfe unterstreicht die bunten Thai-Currys und die frischen Glasnudelsalate

➔ SCHÖNSCHARF

1. Bezirk | www.schoenscharf.at | Mo–Fr 11.30–15, Do bis 19 Uhr | Laurenzerberg 1/18 | Tel. 0660 7 09 20 13

GEORGISCH MIT WIENER SCHICK

Bringen Sie etwas Zeit mit, wenn Sie ins Café Ansari kommen. Denn ein Lunch in dem schicken, vom Architekten Gregor Eichinger designten Lokal will zelebriert werden. Oder doch besser unter Bäumen schmausen und die Mittagssonne genießen? Welche Wahl sie auch immer treffen, die ausgezeichnete georgische Küche mit Duftwolken wie aus dem Orient ist allemal einen Abstecher in den Zweiten Bezirk wert.

➔ CAFÉ ANSARI

2. Bezirk | www.cafeansari.at | Mo–Sa 8–23 Uhr | Praterstr. 15 | Tel. 01 27 65 10

GANZ SCHÖN GROSS, DAS KLEINE

Schwer zu glauben, wie viel in ein so kleines Lokal passt. Das Little Lunch bietet eine schier unüberschaubare Vielfalt an gesunden, kalorienarmen Kombinationen: Von Salaten über Suppen, Risotti und Quiches. Auch Veganer kommen hier auf ihre Kost(en). Meist nimmt man das Essen mit, kann sich aber auch auf einen der raren Plätze setzen und den Hungrigen beim Anstehen zuschauen.

➔ LITTLE LUNCH

8. Bezirk | Mo–Fr 11–16 Uhr | Florianigasse 5 | Tel. 01 4 02 46 72

Aromenglück
Schönscharf

JAPAN WESTENTASCHEN-STYLE

Lust auf etwas Japanisches, authentisch und familiär, aus der Innenstadt bequem zu Fuß erreichbar, aber bloß kein billiges Sushi? Hiroko und Yoshihiro Numata haben es irgendwie geschafft, dass ihr Minilokal trotz hymnischer Kritikern immer noch ein kleiner Geheimtipp ist. Anders ist es nicht zu erklären, dass das Kuishimbo selten überlaufen ist, obwohl es gerade einmal acht Plätze gibt. Wenn doch? Im Notfall können Sie die INSIDER TIPP Speisen auch mitnehmen und sich am Naschmarkt einen lauschigen Platz zum Schmausen suchen.

➔ KUISHIMBO

6. Bezirk | facebook.com/Kuishimbo-67343688168 | Winter Mo–Sa 12–21, Sommer Mo–Sa 12–15, 17.30–21.30 Uhr | Linke Wienzeile 40/6 | Tel. 0699 17 19 23 55

FAST FOOD DE LUXE

Im Börsenviertel liegt ein börsenschonendes und zugleich hippes Mittagslokal – in dem Sie garantiert satt werden. Die Burritos: *fantástico!* Damit das Warten nicht so schwer fällt, können Sie bei der Zubereitung zusehen. Egal ob Hühnchen, Rindfleisch, gegrilltes Gemüse oder – besondere Empfehlung – superlangsam geschmortes Schweinefleisch: Wenn Sie am Ende eine prall gefüllte Teigtasche in der Hand halten, werden Sie die Entscheidung nicht bereuen.

➔ MAX & BENITO

1. Bezirk | maxbenito.at | Mo–Fr 11.30–19 Uhr | Wipplingerstr. 23 | Tel. 0660 6 51 70 83

EIN HAUCH ITALIEN

Atmosphäre: check. Vor allem im Sommer weht hier ein Hauch von Italien durch Wien. Der Platz vor der barocken Maria Treu Kirche hat fast mediterranes Flair. Der Teig der köstlichen Holzofenpizzen ist dünn und knusprig, und was darauf kommt frisch. Gut Essen um überschaubare Kohle.

IL SESTANTE

8. Bezirk | www.sestante.at | tgl. 11.30–23.30 Uhr | Piaristengasse 50 | Tel. 01 4 02 98 94

MOMOS MAMPFEN

Um es kurz zu machen: Das Interieur des Yak und Yeti gehört nicht zu den schönsten Wiens. Das nepalesische Restaurant hat andere Qualitäten. Sie verstehen unter nepalesischer Kost nur Bahnhof? Denken Sie an indisches Essen, verpackt in gedämpften Teigtaschen: Momos, viele Momos. INSIDER TIPP Donnerstag ist Momo-Tag. Dann dürfen Sie um 14 Euro so viele von den kleinen Dingern verdrücken, wie Sie können. Und im Sommer empfiehlt sich der grüne Innenhof. Das Auge isst ja auch mit …

YAK UND YETI

6. Bezirk | www.yakundyeti.at | Mo–Fr 11.30–14.30, 18–22.30, Sa 11.30–16, 18–22.30 Uhr | Hofmühlgasse 21 | Tel. 01 5 95 54 52

BURGER UND MEHR

Schnell muss nicht lieblos bedeuten. Die Inspiration für Delicious Monster kommt aus London: Burger, Wraps und Salate mit kreativen Zutaten, ab und zu kann es aber auch etwas anderes sein. Die preiswerten Mittagsmenüs sind ziemlich ausgefallen, da kommen schon mal Sellerie-Trüffel-Erdäpfel oder Rotwein-Rindsragout auf den Tisch.

DELICIOUS MONSTER

4. Bezirk | www.deliciousmonster.at | Mo–Sa 11–16 Uhr | Gußhausstr. 12 | Tel. 01 9 20 44 54

Rein-beißen

Ungeheur lecker: die Burger im Delicious Monster

KOFFEIN-SHOT

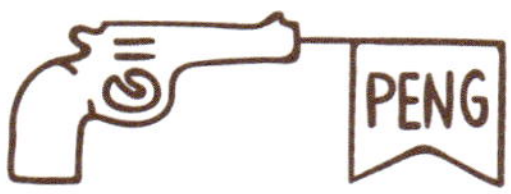

Ohne meinen Kaffee mach' ich nix mehr

ALLES HAT EIN ENDE, AUCH IHR JOB

Ach, der Job: Erstens ist jetzt Feierabend, und zweitens hat alles irgendwie ein Ablaufdatum. Um Sie auf andere Gedanken zu bringen: Was wäre mit einem kulinarischen Ausflug ans Mittelmeer – wenn es beinahe ums Eck wäre? Eigentlich ist das Ablaufdatum im Neunzehnten ja eine Weinbar, aber man kriegt dort exzellente mediterrane Kost und fühlt sich im Innenhof wie in Italien. Bestellen Sie erstmal einen Aperol-Spritzer. Und nein, wir reden jetzt nicht über Ihren Job …

➔ ABLAUFDATUM

19. Bezirk | www.ablaufdatum.at | Mo–Sa 17–24, Küche 17–22 Uhr | Sieveringer Str. 118 | Tel. 0699 11 03 82 96

DORNRÖSCHEN ERWACHT

Lust auf eine schnelle Zeitreise in die Fünfzigerjahre? Dann machen Sie einen Abstecher in das Espresso im Siebten. Das Kaffeehaus lag jahrzehntelang im Dornröschenschlaf, ehe es vor einiger Zeit originalgetreu restauriert wurde – inklusive der alten Espressomaschine. Wenn Sie möchten, können Sie im Espresso auch eine Kleinigkeit essen. Und sollte es später werden: sitzen bleiben! Am Abend verwandelt sich dieses Retro-Café in einen entspannten Szenetreffpunkt. Im Sommer gern auch draußen, auf der Burggasse.

➔ ESPRESSO

7. Bezirk | www.espresso-wien.at | Mo–Fr 7.30–1 (Juli/Aug. ab 9), Sa/So 10–1 Uhr | Burggasse 57 | Tel. 0676 5 96 16

DOLCE VITA MIT FAEMA E61

Lassen Sie sich vom Namen nicht täuschen. Die Kaffeefabrik im Vierten ist keine echte Fabrik. Sie sieht auch nicht wie eine Fabrik aus – zumindest nicht wie eine konventionelle. Der Name bezieht sich auf Faema E61, den Star der mit sechs Quadratmetern winzigen Kaffeebar. Diese Kaffeemaschine aus den frühen Sechzigerjahren zaubert einen italienischen Espresso, den Sie in dieser Qualität nirgendwo anders in der Stadt bekommen.

➔ KAFFEEFABRIK

4. Bezirk | **www.kaffeefabrik.com** | **Mo–Fr 8–18, Sa 11–17 Uhr** | **Favoritenstr. 4–6** | **Tel. 0660 1 78 90 92**

WIENER GRANT UND CHARME

Die Launigkeit der Ober im Café Bräunerhof ist legendär. Vielleicht war es kein Zufall, dass der grantigste Literat Österreichs, Thomas Bernhard, das etwas aus der Zeit gefallene, ruhige und selten überlaufene Kaffeehaus in der Innenstadt einst zu seinem zweiten Wohnzimmer gemacht hat. Die forsche Bedienung hat freilich ihren augenzwinkernden Charme. Seien Sie unbesorgt: Hunde, die bellen, beißen nicht – und brauen einen ausgezeichneten Kaffee.

➔ CAFÉ BRÄUNERHOF

1. Bezirk | **www.braeunerhof.at** | **Mo–Fr 8–21, Sa 8–19, So 10–19 Uhr** | **Stallburggasse 2** | **Tel. 01 5 12 38 93**

SO FEIN KANN FILTER SEIN

Ganz ehrlich: Würden Sie in einem Kaffeehaus Filterkaffee bestellen? Nein? Wenn er aber weltklasse schmeckt? Der wienerische Name täuscht: Das Jonas Reindl unweit der Hauptuni ist ein Café, wie man es sonst nur in New York findet – wo die hierzulande längst geschmähte Form der Kaffeezubereitung zelebriert wird. Mit frisch gemahlenem Pulver und einem besonderen Filteraufsatz. Für Filter-Skeptiker gibt es auch Espresso.

➔ JONAS REINDL

9. Bezirk | **www.jonasreindl.at** | **Mo–Fr 7.30–22, Sa 9.30–22, So 10.30–18 Uhr** | **Währinger Str. 2–4** | **Kontakt: office@jonasreindl.at**

QUEER DURCH DEN GEMÜSEGARTEN

Dass es ein beliebter Treffpunkt der Wiener LBGT-Community ist, fällt erst auf den zweiten Blick auf. Das Publikum im Café ist bunt gemischt – was die Atmosphäre besonders interessant macht. Hier lässt sich die Zeit wunderbar mit einem Caffé Latte totschlagen. Und sollten Sie Hunger bekommen: Das Essen ist günstig und sehr in Ordnung.

➔ CAFÉ BERG

9. Bezirk | **www.cafe-berg.at** | **Di–Sa 10–23, So bis 15 Uhr** | **Berggasse 8** | **Tel. 01 3 19 57 20**

Charmant Granteln

ist olympische Disziplin im Café Bräunerhof

AFTER-WORK-FUTTER

Selber kochen? Bin doch nicht blöd

DAS GEWISSE ETWAS

Ob einsam oder zweisam: Wenn sich am Abend eine Hungerattacke mit der Lust auf etwas Besonderes paart, sollten Sie das das Fuchs und Trauben in die nähere Auswahl ziehen. In dem kuscheligen Lokal lässt sich der Abend gut mit einem Dinner ausklingen. Ganz gleich, ob Ihnen der Sinn bloß nach einem Burger mit gewissem Extra (zum Beispiel Ananas-Ketchup) steht oder nach Ausgefallenerem wie glaciertem Bauchfleisch mit Ingwer und Jungzwiebeln.

➔ DER FUCHS UND DIE TRAUBEN

7. Bezirk | **www.derfuchsunddietrauben.com | So–Mi 17–24, Do–Sa bis 1 Uhr | Kandlgasse 16 | Tel. 01 2 31 39 17**

WÜRSTEL, KUNST UND GARTENZWERGE

Sie suchen ein schräges Restaurant als Steilvorlage für einen außergewöhnlichen Abend? Oder: Der Hunger ist groß, die Lust auf etwas Verrücktes ebenso, bloß das Budget überschaubar? Die deftigen böhmischen Speisen Am Nordpol 3 werden zwischen, naja, irgendwie kurioser Kunst und Gartenzwergen serviert. Unbedingt probieren: die INSIDER TIPP hausgemachten Pusztawürstel und Käsekrainer. Auch die Süßspeisen nicht vergessen! Zum Beispiel: Liwanzen mit Powidl und Sauerrahm.

➔ AM NORDPOL 3

2. Bezirk | **www.amnordpol3.at | Mo–Fr 17–24, Sa/So 12–24 Uhr | Nordpolstr. 3 | Tel. 01 3 33 58 54**

BESSER, ALS DIE POLIZEI ERLAUBT

Der rote Bär galt lange als Kiberer-Kneipe, wo die Polizisten von nebenan auf ein Bier oder zwei gehen. Doch diese Zeiten sind vorbei. Längst schätzen auch Zivilisten das vorzügliche Essen zu höchst korrekten Preisen. Von den süffigen polnischen und tschechischen Bieren ganz zu schweigen. Einziger Nachteil: Sie sollten rechtzeitig reservieren.

➔ ZUM ROTEN BÄREN

9. Bezirk | **www.facebook.com/redredmedved | Mo–Fr 11.30–24, Sa 18–24, So 18–22 Uhr | Berggasse 39 | Tel. 01 3 17 61 50**

ES GIBT FLEISCH, BABY. UND TACOS!

Irgendwo an der Grenze zwischen Mexiko und Texas. Sonnenuntergang. Sie blicken auf den Rio Grande, knabbern Tacos und Tortillas und … Gut, man wird ja wohl noch träumen dürfen. Zumindest der Sonnenuntergang ist echt, und das Essen schmeckt wie aus einer anderen Welt. Mit etwas Fantasie und ein paar Coronas lässt sich auch der Donaukanal größer denken. Diese Location unter Brettern hat jedenfalls was, der Name auch, und das Essen ist sensationell.

➔ IT'S ALL ABOUT THE MEAT BABY

1. Bezirk | **www.meatbaby.at** | **Mai–Sept. Mo–Fr 17–23, Sa/So 12–23, Küche Sa/So 12–15, 17–23 Uhr** | **bei Schlechtwetter geschl.** | **Donaukanallände zwischen Schwedenplatz und Urania**

KAFFEE. MEHR NICHT

Es ist das Kaffeehaus der Generation Co-Working-Space: klein, effizient, kein Schnickschnack. Im Kaffeemodul gibt es nichts – außer Kaffee. Der überzeugt, mehr gibt es dazu nicht zu sagen, denn: Zeit ist knapp, wenn Sie gerade an Ihrer nächsten Start-up-Idee feilen.

➔ KAFFEEMODUL

8. Bezirk | **kaffeemodul.at** | **Mo–Fr 7.30–17.30, Sa 10–14 Uhr** | **Josefstädter Str. 35** | **Tel. 0680 2 22 80 39**

KUNST UND KÜCHE

Familie Mraz hat ein Händchen für Kunst und Kreatives. An den Wänden hängen Bilder von Sohn Manuel, der ruhige Speisegarten im Innenhof wurde idyllisch angelegt, der Aperitifwagen ist ein Blickfang. Kunstvoll ist auch das Essen: Die wechselnden Kreationen tragen Namen wie »Briesanter Hummer Kummer« oder »Der Mann mit dem Kok(o)s ist da«. Die kreative Küche wurde vom Gault-Millau mit drei Hauben ausgezeichnet. Das hat freilich seinen Preis.

➔ MRAZ & SOHN

€€€ | 20. Bezirk | **www.mraz-sohn.at** | **Mo–Fr 19–24 Uhr** | **Wallensteinstr. 59** | **Tel. 01 3 30 45 94**

Schön schräg
Kultadresse Am Nordpol 3

Kurztrip nach Italia

Immer eine Reise wert: das La Mia

FRISCH, GMIATLICH, STEIRISCH

Sie müssen nicht auf den Steiermarkfrühling warten, wenn Sie ein plötzlicher Gusto auf Kernölspezialitäten mit dazugehöriger Folklore überkommt. Die Weinschenke Steirer Alm im Sechzehnten lockt einerseits mit einem urigen Keller und einem riesigen, naturbelassenen Gastgarten, andererseits mit originaler Hausmannskost aus der Grünen Mark: vom Backhendlsalat bis zum Schweinsbratenbrot. Dazu ein fruchtiger Weißer, und der Abend klingt großartig aus.

➔ WEINSCHENKE STEIRER ALM

16. Bezirk | www.steirer-alm.at | tgl. 14–22 Uhr, Juli/Aug. So geschl. | Heigerleinstr. 1 | Tel. 0699 11 54 19 65

DAS ESSEN ZÄHLT, NICHT DIE EINRICHTUNG

Über das Interieur des Gußhauses gibt es wenig zu sagen. Das ist auch nicht der Grund, warum Sie sich ausgerechnet dort für einen langen Arbeitstag belohnen sollten. Mehr so wegen den Kürbis-Samosas von Meisterkoch Christian Petz zum Beispiel, die mit 14 Euro auf den ersten Blick vielleicht nicht supergünstig sind, aber auf den ersten Bissen wirklich jeden Cent wert.

➔ PETZ IM GUSSHAUS

4. Bezirk | www.gusshaus.at | Di–Sa 17.30–24, warme Küche 18–22.30 Uhr, Fei geschl. | Gußhausstr. 23 | Tel. 01 5 04 47 50

MOLTO BENE!

Italiener für ein gediegenes Abendessen gibt's wie Sand am Meer. Auch solche im extravaganten Dolce-vita-Design mit Bildern der Heroen des Italokinos an den Wänden. Ein so schickes Ensemble wie im La Mia ist aber selten. Definitiv außergewöhnlich ist aber das Essen: die Holzofenpizza zum Niederknien, die Meeresfrüchte wie frisch aus der Adria gezogen – zu moderaten Preisen!

➔ LA MIA

7. Bezirk | www.lamia.at | Mo–Fr 11.30–14.30, 18–22.30, Sa/So 11.30–22.30 Uhr | Lerchenfelder Str. 13 | Tel. 01 5 22 42 21

DIE EIERLEGENDE WOLLMILCHSAU

Es ist Sommer, Sie haben einen stressigen Tag hinter sich und möchten in der Innenstadt richtig fein was essen gehen, aber nicht zu teuer und möglichst im Grünen? Sonst noch was? Vielleicht noch ein Smoker? Okay, es gibt eine Lösung – den Volksgarten Pavillon, der eine super Barbecue-Auswahl von leicht bis deftig zu höchst annehmbaren Preisen hat. Über Ihnen zwitschern Vögel, vielleicht legt heute noch ein DJ auf. Jetzt aber wirklich: entspannen.

➔ VOLKSGARTEN PAVILLON

7. Bezirk | www.volksgarten-pavillon.at | Mai–Sept. tgl. 11–2 (wetterabhängig), warme Küche 12–22 Uhr | Volksgarten | Tel. 01 5 32 09 07

VON WIEN BIS TRIEST

Ein Gasthaus zum Wohlfühlen, atmosphärisch unschlagbar. Wählen Sie zwischen Hausmannskost und mediterraner Küche, hier paart sich Althergebrachtes und Elegantes. Ob Wildschweingulasch oder Lachsravioli: alles fein und ausgewogen. Dazu bietet Enrico Panigl eine Auswahl von 150 Weinen. Und im Sommer lockt der Schanigarten.

➔ PANIGL

8. Bezirk | www.panigl.at | Mo–Sa 18–24 Uhr | Josefstädterstr. 91 | Tel. 01 4 06 52 18

BIO-BURGER, GANZ ENTSPANNT

Auch Fast Food lässt sich genießen – zum Abschluss eines harten Tages. Wie? Das zeigen die Burgermacher. Das Fleisch stammt vom Bio-Bauernhof, das Brot wird nach spezieller Demeter-Rezeptur gebacken. Selbst Pommes, Chips und Mayo sind handgefertigt. Ja, das dauert etwas länger als im Schnellrestaurant, vor allem wenn Sie vorher nicht reserviert haben. Aber Sie werden den Unterschied schmecken!

➔ DIE BURGERMACHER

7. Bezirk | www.dieburgermacher.at | Di–Fr 17–23, Sa 12–23, So 12–22 Uhr | Burggasse 12 | Tel. 0699 11 58 95 99

Nimm das, Montagabend!

KINO PERPLEXX

Sie versäumen wenig, wenn Sie den Wochenbeginn im Kino ausklingen lassen. Schnappen Sie sich vor einer U-Bahn-Station eine Ausgabe der Gratispostille »Heute«, blättern bis nach hinten zum Kinoprogramm, wo Sie einen QR-Code für einen Gutschein finden. Etwas umständlich? Damit kostet die Montagsvorstellung nur 5,50 Euro.

➔ **KINO-MONTAG IM CINEPLEXX**

10., 14., 22. Bezirk | **www.cineplexx.at**

JAZZ UND MEHR IM VOLKSGARTEN

Zumindest in der warmen Jahreszeit gehört es zu den raren, montäglichen Fixpunkten in Wien: das Fruity Hop im Volksgarten. Seit mittlerweile sieben Jahren wird der Park rund um den kleinen Pavillon wöchentlich von DJs und Musikern beschallt. Decke schnappen, Drinks, ein paar Freunde mitnehmen und einen guten Platz im Park suchen. Oder Sie setzen sich in den Gastgarten vor dem Volksgarten-Pavillon. So oder so: Der Eintritt ist frei.

FRUITY HOP

1. Bezirk | **www.ighop.at** | **Mai–Sept. Mo ab 20 Uhr** | **Volksgarten-Pavillon**

WIE HIESS DAS NOCH?

Do you speak English? Geht so, könnte besser sein? Wenn Ihr Englisch ein wenig Auffrischung vertragen könnte (aber natürlich nicht nur dann), planen Sie an dem einen oder anderen Montagabend einen Besuch im Schauspielhaus ein – bei den English Mondays. Um 12 Euro wird ein Potpourri angelsächischer Kunst geboten: Das bunte Angebot reicht von Kurzfilmen, Konzert-Liveübertragungen über Theaterstücke bis hin zu Lesungen.

ENGLISH MONDAYS

9. Bezirk | **www.schauspielhaus.at** | **jeden Mo ab 20 Uhr** | **Porzellangasse 19**

BILLARD UND BILLIGE DRINKS

Im Downstairs lässt sich vieles machen – zum Beispiel Billard spielen. Die gemütliche und unkomplizierte Bar an der Fillgraderstiege (daher der Name »Downstairs«) hat große, schöne Tische in wunderbarer Atmosphäre. So richtig perfekt wird der Montagabend mit Freunden aber durch die Happy Days: Bei den Cocktailpreisen müssen Sie auch nicht schlucken: Mit 5,10 Euro sind Sie dabei.

BILLARDCAFÉ UND BAR DOWNSTAIRS

6. Bezirk | **www.downstairs.at** | **tgl. 16–2 Uhr** | **Theobaldgasse 15** | **Tel. 01 5 81 28 08**

MAN IST NUR EINMAL JUNG?

Jetzt im Ernst: Wann waren Sie das letzte Mal erstens mit richtig jungen Leuten unterwegs, die zweitens von ganz woanders herkamen? Na eben! Geben Sie sich einen Ruck, und ab in den Neunten. Dort steigt jeden Montag im Ride Club die ultimative Erasmusparty mit Studis aus aller Welt. Auch für Einheimische und Erwachsene. Bloß keine Hemmungen. Der Eintritt frei und die Drinks spottbillig. Gemma!

ERASMUS PARTY NIGHT IM RIDE CLUB

9. Bezirk | **www.rideclub.at** | **Mo ab 19 Uhr** | **Stadtbahnbogen 175 und 178**

FEIERABEND-BIER

... ham' wir uns verdient

DER APFELSTRUDEL KANN NICHTS DAFÜR

Das traditionsreiche Café gibt es bereits seit 1904, heute besticht es durch entspannten Sechzigerjahre-Charme. Sie können dort den ganzen Tag frühstücken, den warmen Apfelstrudel lobten sogar die Leute vom Time Magazine. So weit, so gut. So richtig interessant aber wird es am Abend, wenn sich das Lokal füllt und die Diskussionen anregender werden. Vorsicht: Sobald die Sonne untergeht, verliert man hier leicht das Zeitgefühl.

➔ CAFÉ KORB

1. Bezirk | www.cafekorb.at | Mo–Sa 8–24, So 10–23 Uhr | Brandstätte 9 | Tel. 01 5 33 72 15

LAUT UND LUSTIG

Sie wollen in aller Stille ein alkoholfreies Bier trinken, keinen Wirbel und aufgekratzten Kellner – und auf gar keinen Fall Leute am Nebentisch, die eine nach der anderen rauchen, sich langsam, aber sicher einen anzwitschern und sehr viel, vor allem aber sehr lauten Spaß haben? Dann machen Sie einen großen Bogen um das Café Glaser. Wenn Sie mit Freunden Spaß haben wollen und gerne auch mal neue Leute kennen lernen möchten, hier Sie hier allerdingseine Punktlandung hingelegt.

➔ CAFÉ GLASER

9. Bezirk | www.facebook.com/Café-Glaser-281024875293655 | Mo–Fr 8–2, Sa/So 18–2 Uhr | Währinger Str. 4 | Tel. 01 3 19 67 72

AUS SCHMUDDELIG WIRD HIP

Einst galt das Café Else als schmuddeliges Anbahnungslokal. Doch diese Zeiten sind längst vorbei. Der neue Besitzer bemüht sich seit Jahren erfolgreich um einen Imagewechsel hin zum hippen Treffpunkt für das Wiener Partyvolk. Möglich wird das auch durch Kooperationen mit dem Wiener Luftschacht-Verlag oder dem Musiklabel Fettkakao.

➔ CAFÉ ELSE

2. Bezirk | www.cafeelse.at | Mo–Mi 17–1, Do–So 10–1 Uhr | Heinestr. 36 | Tel. 01 9 58 48 14

Mondän chillen
ist machbar in der Loos-Bar

BACK TO THE FIFTIES

Sie fahren auf Fünfzigerjahre ab? Dann sind Sie im Frame genau richtig. In gemütlicher und unprätentiöser Atmosphäre, mit wechselnden Kunstwerken an den Wänden und sporadischen Livekonzerten können Sie hier das After-Work-Bier genießen. Und wenn Sie sich für Musik interessieren: INSIDER TIPP Viele Jazzleute, die nebenan im Shelter spielen, machen hier einen Einkehrschwung.

➔ CAFÉ FRAME

20. Bezirk | tgl. 16–5 Uhr | Jägerstr. 28 | Tel. 0699 11 66 79 45

BERÜHMTE BARFLIEGEN

Preisfrage: Über welche verspiegelte Bar in Wien wurde eine eigene Biografie geschrieben? Richtig: die Loos-Bar, in der neben Stammgast Falco schon Mick Jagger, Quentin Tarantino und Harald Juhnke, nun ja: abgesoffen sind. Sie waren und sind nicht die Einzigen: Seit Jahrzehnten zieht die American Bar unweit der Kärntner Straße Künstler und Kreative, Lokalmatadore und Reisende, Nachteulen und Novizen magisch an. Perfekt, um stilvoll an der Theke abzuhängen.

➔ LOOS-BAR

1. Bezirk | www.loosbar.at | tgl. 12–4 Uhr | Kärntner Durchgang 10 | Tel. 01 5 12 32 83

MUSIK, ABER RICHTIG

Wenn Sie Musik mögen, werden Sie auch das Malipop mit einer endlosen Auswahl an Langspielplatten der letzten Jahrzehnte mögen: von Lou Reed bis hin zu New Electronic. Das Besondere: Jedes einzelne Album wird vom Anfang bis zum Ende durchgespielt, und INSIDER TIPP die Chefin Frau Margit erzählt Ihnen auf Wunsch zu jeder Platte eine ganz besondere Geschichte. Für den Fall, dass Sie nach einem zähen Tag gerne mal auf andere Gedanken kommen möchten.

➔ MALIPOP

3. Bezirk | Mo–Sa 19.30–2 Uhr | Ungargasse 10 | Tel. 01 7 13 34 41

WOHNZIMMER FÜR MUSIK-JUNKIES

Wenn sich eine Bar als »Wohnzimmer im Neunten« bezeichnet, darf man davon ausgehen, dass es gemütlich zugeht. Die Atmosphäre im Clash ist tatsächlich entspannt, die Preise sind moderat, das Essen wienerisch, die Musik unaufdringlich, aber ausgewählt. Außer es spielt mal wer live. Das kostet dann aber nichts extra und ist eine INSIDER TIPP super Gelegenheit, neue Bands kennen zu lernen.

➔ CLASH

9. Bezirk | www.clash.at | tgl. 18–1.30 Uhr | Fluchtgasse 9 | Tel. 01 9 22 48 30

Margit legt auf
Bierchenstop im Malipop

KEINE SPUR VON ELITÄR

Der Hauch des Kosmopolitischen ist geblieben. The Bank war einst tatsächlich eine Bank, ehe das mondäne Park Hyatt Restaurant dort für eine Weile einzog. Nun ist es ein immer noch sehr schickes, aber weniger elitäres Brasserie-Bar-Ensemble. Serviert werden Moules Frites und exklusive Cocktails. Wenn sie sich auch mal unter der Woche etwas Besonderes gönnen möchten. Sie können aber auch einfach nur mit Freunden an der Bar ein Bier trinken. Donnerstags legt ein DJ auf.

➔ THE BANK

1. Bezirk | www.restaurant-thebank.at | So–Mi 6.30–1, Sa 6.30–2 Uhr | Bognergasse 4 | Tel. 01 2 27 40 12 36

ROTLICHTFLAIR, JUGENDFREI

Um es vorweg zu nehmen: Ja, das Puff war früher ein Bordell. Dass das auch heute noch nicht zu übersehen ist, gehört zum Konzept der stylischen Cocktailbar mit den vielen kleinen Nischen und den schwarzen Lederbänken. Aber sonst geht es durchwegs adrett bis verspielt zu. Witzig sind die Lichtblumen aus alten PET-Flaschen, die leuchtenden Barhocker an der Decke und die imposanten Cocktailmaschinen, die über Infusionsschläuche befüllt werden.

➔ PUFF – DIE BAR

6. Bezirk | www.puff-bar. at | Di–Do 19–2, Fr/Sa 19–4 Uhr | Girardigasse 10 | Tel. 01 5 81 09 31

SO WIE DER KANZLER? GENAU!

Kreisky hieß mal ein Bundeskanzler, da waren Sie vielleicht noch gar nicht auf der Welt. Eine Band mit diesem Namen gibt es auch. Und ein Lokal mit eigenwilliger Inneneinrichtung (schwer zu beschreiben, sehen Sie doch selbst), in dem es sich am Abend ganz wunderbar mit Freunden chillen lässt. Wenn Sie möchten, können Sie dort auch eine Kleinigkeit essen oder Ihr Glück bei einem Pubquiz versuchen.

➔ KREISKY

7. Bezirk | www.facebook.com/dasKreisky | tgl. 18–4 Uhr | Siebensterngasse 5 | Tel. 01 5 22 14 38

DO YOU SPEAK WEANERISCH?

Sie müssen nicht englisch sprechen, wenn Sie vor dem Heimgehen auf ein schnelles Bier in Johnny's Pub einkehren. Die Umgangssprache Englisch gehört halt zum guten Ton, ebenso wie die originalgetreue Pub-Einrichtung und die klobigen Bänke. Die Kellner nehmen die Bestellung auch auf Deutsch entgegen und **INSIDER TIPP** sogar auf Wienerisch. Wenn ringsum alles voll hat, obwohl es erst Mitte der Woche ist, dann finden Sie hier schnell einen gemütlichen Platz an der Theke.

➔ JOHNNY'S PUB

4. Bezirk | www.johnnys-pub.at | So/Mo 17–2, Di–Sa 17–4 Uhr | Schleifmühlgasse 11 | Tel. 01 5 87 19 21

EIN FENSTERPLATZ ZUM ABSCHALTEN

Man kann im Schikaneder auch ins Kino gehen, muss man aber nicht. Daneben die fein abgefuckte Bar, in der auch unter der Woche feine Musik gespielt wird (manchmal legt auch ein DJ auf). Sie können auch gerne mal ein wenig tanzen, wenn Ihnen nach der Arbeit nach Ablenkung zumute ist. Oder Sie ergattern mit etwas Glück einen Platz auf der Couch in der begehrten Fensternische mit Blick auf das bunte Treiben auf der Margaretenstraße.

➔ SCHIKANEDER

4. Bezirk | www.schikaneder.at | tgl. ab 18 Uhr | Margaretenstr. 24 | Tel. 01 5 85 28 67

Couch? Naa!

Raus aus der Jogginghose!

SPORT IN LUFTIGER HÖHE

Es gibt keine falsche Jahreszeit – nur die falsche Einstellung. Beweis? Beim Engelmann über den Dächern Wiens dürfen Sie sich zu jeder Jahreszeit auspowern. Im Winter lockt die Kunsteisbahn mit Eisdisko. Und sobald es draußen wieder grünt, wird gekickt, was das Zeug hält. Nur Vorsicht: Wer sich zu lange vom Panoramablick ablenken lässt, riskiert ein Tor.

➔ SPORTANLAGE ENGELMANN

17. Bezirk | www.engelmann.co.at | Mo–Fr 10–22, Sa/So/Fei 14–21.30 Uhr | Syringgasse 6–14 | Tel. 0664 5 96 64 95

GEHT (FAST) ALLES

Nein, Ihren alten Drahtesel müssen Sie im Werkstätten- und Kulturhaus wohl schon selbst reparieren. Aber keine Sorge: Es gibt eine Menge Leute dort, die Ihnen dabei helfen. Sie können dort auch Theater spielen, ein Konzert besuchen, mit Gleichgesinnten Ideen wälzen – oder einfach nur mit Freunden auf ein Bier hingehen.

➔ WUK

9. Bezirk | www.wuk.at | Mo–Fr 9–20, Sa/So/Fei 15–20 Uhr | Währinger Str. 59 | Tel. 01 40 12 10

FEIER ABEND POESIE

Die Stadt der Dichtung macht es den Nachwuchspoeten und allen, die es werden möchten, mit einem vielfältigen Einstiegsprogramm recht einfach. Dichten Sie doch! Ob Poetry Slam, Songtexte oder klassische Poesie: Eine lockere Einführung in das Thema bietet die Schule für Dichtung mit zahlreichen Abendkursen für Einsteiger. Einzige Voraussetzung: Sie sollten schon an sich arbeiten wollen.

SCHULE FÜR DICHTUNG

7. Be- zirk | www.sfd.at | Termine laut Programm | Mariahilfer Str. 88a/3/7 | Tel. 01-5 22 35 26

BIN ICH FUCHS UND IGEL?

Die Eule ist klug. Wenn sich die meisten Anderen zu Bett legen, dreht sie erst richtig auf. Denn in der Dunkelheit ist man ungestört und kann am besten beobachten. Wenn sich alle anderen Besucher im Tiergarten Schönbrunn längst verkrümelt haben, treten Sie auf den Plan – mit einer Nachtführung im berühmtesten Zoo des Landes. Also: Machen Sie's wie die Eule und kommen Sie dem Zoo auf die dunkle Tour. Ein gespenstisch-schönes Erlebnis!

NACHTFÜHRUNG TIERGARTEN SCHÖNBRUNN

13. Bezirk | www.zoovienna.at | mehrmals im Monat, Termine siehe Website | Hietzinger Tor | Buchung: Tel. 01 87 79 29 45 00 | Kosten: 23 Euro/Pers.

KLASSISCH ABHÄNGEN

Vor allem an Sommerabenden ist das Museumsquartier einen Abstecher wert. Sie könnten spontan eine Ausstellung besuchen. INSIDER TIPP Donnerstags haben viele der Museen bis 21 Uhr geöffnet. Lust auf eine Liveband, eine Lesung im Freien? Oder fläzen Sie sich einfach mit Freunden auf einen der bunten Enzis und genießen den Sonnenuntergang.

MQ

7. Bezirk | www.mqw.at | durchgängig zugänglich | Museumsplatz 1 | Tel. 01 5 23 58 81

Who let the dogs out?

FEIER-
ALARM!

GRUNDLAGE SCHAFFEN

Keine Party auf leeren Magen!

SANDWICH MAL ANDERS

Sie wissen nicht, was Pastrami sind? Vereinfacht gesagt: Sandwiches mit geräuchertem Fleisch. In New York sind die Dinger schon lange ein Renner, seit einiger Zeit gibt es sie nun auch in Wien. Pastrami Baby heißt der Laden, in dem es die üppigen Brote gibt – hergestellt von einem Sternekoch. Köstlich, aber zugegeben: Für 9 bis 13 Euro pro Stück sind sie nicht ganz billig.

➔ PASTRAMI BABY

7. Bezirk | pastramibaby.at | Mo–Sa 11–22 Uhr | Lerchenfelderstr. 51 | Tel. 01 5 22 21 68

SCHWEINSBRATEN AUS DEM PACKERL

Für Hausmannskost zum Mitnehmen ist der Schachtelwirt im Bermudadreieck der neue Snack Place to be. Der Schweinsbraten mit Kruste vom Hödl, Semmelknödel und zweierlei Kraut für 7,50 Euro ist jetzt schon legendär. Die perfekte Unterlage für die Bartour im Ersten.

➔ SCHACHTELWIRT

1. Bezirk | www.schachtelwirt.at | Di–Fr 11–22, Sa 12–22 Uhr | Judengasse 5 | Tel. 01 5 32 07 07

FAST FOOD SCHMECKLECK

Fast Food in bester Qualität – wie gemacht, um danach die Lokale im Siebten unsicher zu machen. Weiche, dampfgegarte, taiwanesische Buns mit drei verschiedenen Füllungen: Tullnerfellder Schweinebauch, steirisches Hühnchen und Tofu. Zwei Stück für 6,90, drei Stück für 8,90 Euro. Am besten Sie bestellen gleich eine Portion Süßkartoffel-Pommes dazu.

➔ BAO BAR

7. Bezirk | www.baobar.at | Mo–Sa 12–20 Uhr | Zollergasse 2

Gesalzen
Räucherfleisch ist Kult im Pastrami Baby

MIT DIM SUM DURCH DIE NACHT

Vietnamesische Straßenküche trifft Wiener Flair. Wo? Im Ivys Pho House, zwischen Neonleuchtschrift und Lampions. Dazu schlürfen Sie am besten zunächst den Klassiker, die Suppe mit Rind oder Huhn. Als Grundlage zum Feiern empfehlen sich dann aber die Dim Sums, frittierte Minigerichte. Viele Dim Sums – wenn der Abend noch lang werden könnte.

➔ IVYS PHO HOUSE

7. Bezirk | www.facebook.com/Ivys-Pho-House-369135950091256 | tgl. 11.30–22 Uhr | Mariahilfer Str. 103 | Tel. 01 9 20 99 80

WAS DAS BURGERHERZ BEGEHRT

Wenn Sie die Innenstadt unsicher machen und sich vorher noch mit einem richtig guten Burger stärken möchten, sollten Sie sich auf den Weg Richtung Oper machen. Nahrungsaufnahme dann im Said the Butcher to the Cow. Dort finden Sie, was das Herz begehrt: vom klassischen Bacon Cheeseburger bis zum »Pulpo 'n' Pork Burger« mit Faschiertem und Oktopus im Chilibrot, Honig-Senf-Sauce und Antipasti-Vinaigrette. Der Schuppen ist auch INSIDER TIPP geografisch ein guter Startpunkt für die Nacht. Am besten gleich an der Bar mit einem der ausgezeichneten Gin-Drinks beginnen.

➔ SAID THE BUTCHER TO THE COW

€€€ | 1. Bezirk | butcher-cow.at | Di–Sa 17–1 Uhr | Opernring 11 | Tel. 01 5 35 69 69

VOR DER BARTOUR NOCH EIN RÖSTI

Im Krah Krah haben sich vielleicht schon Ihre Eltern für eine Bermudadreieck-Tour geerdet. Das ist heute wie damals eine gute Idee. Hier gibt's österreichische Klassiker in ordentlichen Portionen wie riesige Brote, das Holzhackerrösti mit Spiegelei um 7 Euro oder ein Cordon Bleu um 9,90 Euro. Dazu werden jede Menge österreichische und internationale Biere angeboten. Da steht der Bartour echt nichts mehr im Wege.

➔ KRAH KRAH

1. Bezirk | www.krah-krah.at | tgl. 11–2 Uhr | Rabensteig 8 | Tel. 01 5 33 81 93

STATE OF THE LEBERKAS

Wie genau er zubereitet wird, wollen Sie vermutlich ohnehin nicht erfahren. Aber es ist zumindest gut zu wissen, dass der Leberkas vom Pepi nach einem 350 Jahre alten Rezept hergestellt wird – aus Fleisch mit dem AMA-Gütesiegel. Und das schmeckt man.

➔ LEBERKAS-PEPI

1. Bezirk | www.leberkaspepi.at | Mo–Sa 9–2 Uhr | Operngasse 12 | Tel. 01 5 85 06 42

WEIL WURST NET WURSCHT IS

Scharf aufs Fortgehen? Aber sind Sie auch scharf genug für Renes Chili-Leberkäse als Unterlage? Heißer Tipp: Beobachten Sie die Reaktionen der Leute vor Ihnen. Dann können Sie immer noch entscheiden, ob Sie den Abend auf die feurige Tour beginnen wollen – oder doch eher mit einem Käsekrainer. Der ist auch oberklasse, würstelkulinarisch gesehen. Deswegen hat der unverdächtige Falstaff den Scharfen Rene in die Riege der besten Würstelstände Wiens aufgenommen.

➔ ZUM SCHARFEN RENE

1. Bezirk | Mo–Do 11–4, Fr 11–6, Sa 18–6 Uhr | Schwarzenbergplatz 15 | Tel. 0699 17 99 98 88

NOBEL GEHT DER SPIESS ZUGRUNDE

Sie möchten den Abend gediegen und doch deftig angehen? Dann rauf auf den Spittelberg. Wo früher das angesagte Kussmaul residierte, wird heute Fleisch am Spieß gegrillt. Trotzdem sollten Sie das acht Wochen gereifte Simmentaler Luxusrind aus der Rotisserie nicht mit einem Döner verwechseln. Die kleine Fleischportion zu 18, die große zu 25 Euro, Beilagen kosten extra.

➔ GASTHAUS AM SPITTELBERG

€€€ | 7. Bezirk | www.gasthausamspittelberg.at | Mo–Fr 18–23, Sa 12–23, So 17–23, Fei 12–23 Uhr | Spittelberggasse 12 | Tel. 0664 3 43 96 40

Nie wieder Wurst
außer beim
Scharfen Rene

VORGLÜHEN

Anlauf nehmen für die Nacht

JAZZIG IN DIE NACHT

Man kann im Reigen – gleich hinter Schönbrunn – auch ziemlich gut die ganze Nacht verbringen. Die etwas abgelegene Location ist Bar, Café und Konzertklub. Trotzdem bekommt man in dem riesigen Lokal so gut wie immer einen Platz. Die Musik ist unaufdringlich, mit einen Hang zum Jazzigen. Hier kann man reden!

➔ REIGEN

14. Bezirk | www.reigen.at | 18–2, am Wochenende bis 4 Uhr | Hadikgasse 62 | Tel. 01 8 94 00 94

Was abgeht
wissen die Kellner im Orange

GEFÄHRLICH GEMÜTLICH

Das Café Mocca ist etwas weg vom Schuss, aber Bim! ist man dann doch recht bald am Gürtel. Und für die ersten Drinks des Abends eignet sich das chillige Kaffeehaus direkt in der S-Bahn-Station Gersthof bestens. Aber Vorsicht: Wenn Sie in den roten Plüschbänken oder den Ledersesseln versinken, sollten Sie Ihr Ziel nicht aus den Augen verlieren. Sie haben ja noch etwas vor, oder?

➔ CAFÉ MOCCA

18. Bezirk | www.cafemocca.eu | Mo–Fr 7–2, Sa/So 8–2 Uhr | Gersthofer Str. 2A | Tel. 01 8 90 35 93

KEINE ZWEITE WAHL

Name hin oder her: Zum Vorglühen ist das Zweitbester keineswegs zweite Wahl. Das kleine Juwel im spartanischen Fabrikschick liegt mitten im Vierten – also bestens geeignet als Ausgangsort für weitere Abenteuer quer durch die erweiterte Innenstadt. Und wenn Sie noch eine Unterlage brauchen: Das Essen ist bio und ganz und gar nicht spartanisch.

➔ ZWEITBESTER

4. Bezirk | www.zweitbester.at | Mo–Fr 11.30–2, Sa 10–2, So 10–24 Uhr | Heumühlgasse 2 | Tel. 01 9 45 93 86

EIN BIER ODER ZWEI ZUM PLANEN

Sie sind in die Margaretenstraße verschlagen und haben noch keine Ahnung, was Sie mit dem Abend machen sollen? Sehen Sie die Eckkneipe mit den orangenen Türen? Da gehen Sie jetzt rein und bestellen ein Bier. Dann chillen und überlegen. Vielleicht noch ein Bier, es gibt im Orange eine feine Auswahl an richtig guten. Fragen Sie nach einer Empfehlung: INSIDER TIPP Die beiden Kellner sagen Ihnen auch, wo heute noch die Post abgeht.

➔ DAS ORANGE

4. Bezirk | www.dasorange.at | Di–So 15–2 Uhr | Margaretenstr. 26 | Tel. 01 9 52 42 09

UNGESTÖRT PLANEN IM EXTRAZIMMER

Der Klassiker zum Vorglühen mit fetziger Musik ist nicht so leicht zu finden. Von der Mariahilfer Straße aus kommen Sie über einen Hinterhof in das Elektro Gönner. Wenn es später wird, ist es in dem schnörkellos-szenigen Schuppen meist rappelvoll – aber am früheren Abend sollten Sie locker einen Sitzplatz ergattern können. Im INSIDER TIPP kuscheligen Extraraum beim Eingang rechts von der Theke lässt sich der weitere Abend ungestört planen.

➔ ELEKTRO GÖNNER

6. Bezirk | www.elektrogoenner.at | So–Do 19–2, Fr/Sa 19–4 Uhr | Mariahilfer Str. 101/Schulhofpassage | Tel. 01 2 08 66 79

VORGLÜHEN MIT STIL

Um den Abend langsam anzugehen, empfiehlt sich das zentral gelegene Café Drechsler vis-à-vis vom Naschmarkt. Es präsentiert sich – anders als viele andere Traditionskaffeehäuser – ziemlich aufgeräumt und ruhig. Fad ist es trotzdem nicht und eine gute Adresse für die ersten weißen Spritzer des Abends allemal.

➔ CAFÉ DRECHSLER

6. Bezirk | www.cafedrechsler.at | tgl. 8–24 Uhr | Linke Wienzeile 22 | Tel. 01 5 81 20 44

ALLES IM BLICK

Lust auf einen Cocktail oder eine ausgefallene Spritzer-Kreation? Das Ganz Wien ist eine schicke Adresse zum Einstimmen auf die Nacht. Drinnen sitzt man in superbequemen, gepolsterten Vintage-Möbeln. Draußen ganz in Weiß im umzäunten Schanigarten. Das bunte Treiben auf der belebten Zollergasse behalten Sie dort dennoch im Blick. Wer weiß, was der Abend noch bringt?

➔ GANZ WIEN

7. Bezirk | www.facebook.com/barganzwien | Mo–Do 16–24, Fr–So 12–24 Uhr | Zollergasse 15

INSPIRATION FÜR QUEER-DENKERINNEN

Im Marea Alta trifft sich das lesbische Wien. Aber auch für alle anderen gilt: Kein Stress, heterosexuelle Jungs und Mädels sind hier herzlich willkommen. Der kleine Schuppen mit der verruchten Atmosphäre zwischen goldenen Spiegeln und altmodischen Wandleuchten ist ein guter Ort, um das weitere Vorgehen für den Abend zu besprechen.

➔ MAREA ALTA

6. Bezirk | www.mareaalta.bplaced.net | Mo–Do 18–2, Fr/Sa 19–4 Uhr | Gumpendorfer Str. 28 | Tel. 0699 11 59 71 31

BETON TANZBAR

Natürlich können Sie auch gleich im Franz von Hahn bleiben. Die Shabby-Chic-Kneipe mit der Betonbar und der lauten Musik gibt das allemal her. Sie können hier aber auch erst mal ein paar Cocktails zum Aufwärmen schlürfen und dann weiterziehen. So oder so: Hier beginnt der Abend mit Stil und Esprit.

➔ FRANZ VON HAHN

2. Bezirk | Mo–Fr 18–2, Sa 19–2 Uhr | Rotensterngasse 8 | Tel. 0650 8 84 50 65

CLUB-HOPPING

Lass sie raus, die Dancing Queen

ROTLICHT VERGISST MAN NICHT

Man erkennt das Roxy an der roten Fassade. Gewöhnen Sie sich an die Farbe, drinnen sieht es genauso aus – und Sie werden es lieben. Der Rohdiamant der Musikszene präsentiert sich sexy und verrucht, dabei stets entspannt. Erwarten Sie Elektro, House, Hip-Hop, R'n'B, Funk und Soul – meist mit DJs. Hinsetzen, INSIDER TIPP Wodka mit Makava-Eistee bestellen, trinken, abtanzen.

ROXY

4. Bezirk | www.roxyclub.org | Fr/Sa 23–6 Uhr | Faulmanngasse 2 | Eintritt je nach Veranstaltung | Tel. 0681 20 30 70 88

PERFEKTES PAAR

Der Club mit den vielen Graffiti ist ein Fixstern des Wiener Ausgehkosmos. Der Schwerpunkt liegt auf gutem, elektronischem Sound und Livebands. Streng genommen gibt es zwei Flucs: oben ein Musikcafé, unten, in der »Wanne«, den eigentlichen Club. Durch das studentische Publikum sind die Getränke billig, der Eintritt moderat. Sperrstunde? Irgendwann am nächsten Morgen.

FLUC

2. Bezirk | www.fluc.at | tgl. ab 20 Uhr | Praterstern 5 | Tel. 01 2 18 282 4

Roter Rohdiamant

Das Roxy rockt

NUR FOTOGRAFIEREN IST VERBOTEN

Am Donaukanal bei Spittelau liegt dieser künstlerisch gestaltete Elektronikclub. Ein meist junges und immer hippes Publikum tanzt auf zwei Dancefloors zu House, Techno und Minimal – aufgelegt von Top-DJs des globalen Underground. Aber aufgepasst: Unter 21 kommen Sie nicht rein in die Grelle Forelle, und mit lustigen Partyfotos wird es auch nichts, denn es herrscht striktes Fotografierverbot. Rechnen Sie mit einer Schlange vor dem Eingang!

➔ GRELLE FORELLE

9. Bezirk | **www.grelleforelle.com** | **Fr/Sa 23–6 Uhr** | **Eintritt je nach Programm** | **Spittelauer Lände 12**

POST-AB-SUNDOWNER

Untertags ist dieser Jugendstilpavillon ein biederes Kaffeehaus. Aber wehe, wenn die Sonne untergeht! Abends verwandelt sich diese Lokalität in einen wilden Musikclub. Wenn Sie in den Keller gehen, sind Sie in der Künstlerhauspassage, einem U-Bahn-Durchgang. Hier treffen sich bei den unterschiedlichsten Veranstaltungen alle vom Hipster bis zum Wiener Urgestein. Musik zwischen Pop und Elektro. Tanzen? Unbedingt!

➔ CLUB U

1. Bezirk | **www.club-u.at** | **tgl. ab ca. 22 Uhr** | **Karlsplatz, Otto-Wagner-Pavillon** | **Tel. 01 5 05 99 04**

GUT, GÜNSTIG, UNDERGROUND

Das Kunst- und Kulturzentrum Werk hat sich als verlässliche Größe innerhalb der Wiener Szene etabliert und ist groß genug für alle Künstlerinnen und Künstler abseits des Mainstreams. Das internationale Netz des Werk kommt aus der Bildenden Kunst, Theater, Literatur, Film und Performance. Zumeist sind DJs mit harten Bässen am – Werk. Doch ab und an finden auch Bands ihren Weg auf die Bühne. Dreckig, günstig, underground.

➔ DAS WERK

9. Bezirk | **www.daswerk.org** | **Öffnungszeiten nach Veranstaltung** | **Spittelauer Lände 12** | **Tel. 0677 61 45 76 23**

So geht Feiern

Ab ins Chaya Fuera

ZWISCHEN POESIE UND HIP-HOP

Easy und leger liegt dieses Gürtellokal im Herzen der Wiener Fortgehkultur. Vom Poetry Slam über Hip-Hop-Nächte bis zu Drum'n'Bass, die Location verändert mit den Gästen ihr Erscheinungsbild und das auch mal zweimal pro Nacht, wenn verschiedene Veranstaltungen parallel laufen. So kommt Wien zusammen! Mit Acts wie Boys Noize oder Cyberpunkers kann das Loft auch schon auf eine schöne Gästeliste zurückschauen.

➔ **THE LOFT**

16. Bezirk | www.theloft.at | Mi–Do 19–2, Fr–Sa 20–4 Uhr | Lerchenfelder Gürtel 37 | Tel. 01 9 47 76 19

FALCOS WOHNZIMMER

Der junge Falco setzte hier zu seinen ersten Flügen an, ehe er weltberühmt wurde. Mit dem Aufstieg des Falken begann auch jener des U4: In den Achtzigern trat hier alles auf, was in der damaligen internationalen Musikszene Rang und Namen hatte: von David Bowie über Prince bis zu Kurt Cobain. Heute ist es etwas ruhig geworden um das U4. Aber immer noch spielen hier Stars der House-Szene wie David Guetta oder Größen des österreichischen und deutschen Hip-Hop.

➔ **U4**

12. Bezirk | www.u-4.at | Öffnungszeiten und Eintrittspreise nach Programm | Schönbrunner Str. 222–228 | Tel. 01 81 71 19 20

IM SCHATTEN DER BANANE

Muss man die Volksgarten-Clubdisko noch erwähnen? Oder den Anbau mit Garten, die Säulenhalle, die im Volksmund »Banane« heißt? Unter der Woche wird die Location für exklusive Privat- und Firmenveranstaltungen genutzt, von Donnerstag bis Sonntag ist das Partyvolk zu Gast. Hauptsache Spaß, lautet das Motto. Die fixierten Tischchen im Garten sind perfekt für laue Sommernächte mit offenem Ausgang.

➔ **VOLKSGARTEN-CLUB & SÄULENHALLE**

1. Bezirk | www.volksgarten.at | Öffnungszeiten und Eintrittspreise nach Programm | Heldenplatz 1 | Tel. 01 5 32 42 41

PRALL IST DAS LEBEN

Sie suchen eine tolle Event-Location, die sich nicht Schickimicki, Hipster oder Alternative auf die Stirn geschrieben hat? Ab ins Chaya Fuera! Elektronik, Hip-Hop, R'n'B, gelegentlich auch Oldies stehen hier auf dem Programm. Chaya Fuera steht für das pralle Leben. Neben exklusiven Konzerten internationaler Größen finden auch regelmäßige Clubbings statt. Visuals an allen Wänden und stylische Deckenleuchten runden das Ambiente ab, das VIP-Bereich ebenso wie einen Nebenraum für private Feste bietet.

➔ **CHAYA FUERA**

7. Bezirk | www.facebook.com/chayafuera | Mo–Do 19–6, Sa 23–6 Uhr | Kandlgasse 19–1 | Tel. 0664 88 79 55 61

POOLPARTY!

Die Pratersauna war vor vielen Jahren tatsächlich eine Sauna – und das ist unübersehbar. Badesachen nicht vergessen: Es gibt einen Pool, in dem Sie im Sommer bis 22 Uhr zu bevorzugt elektronischer Musik plantschen können. Ein Hauch von Dekadenz zieht sich durch die großflächige Clublandschaft mit zahlreichen Floors. Entsprechend geschmalzen sind die Preise: Die Pratersauna gehört eindeutig zu den kommerzielleren Clubs der Stadt.

➔ PRATERSAUNA

2. Bezirk | www.pratersauna.tv | Juni–Sept. Sauna Strand Klub: Mo–Di 12–20, Mi–So 12–22 Uhr; Club: So–Do 21–6, Fr/Sa 22–6 Uhr | Waldsteingartenstr. 135 | Tel. 0664 2 50 20 22

LOVE, SONST NIX

Der »Guardian« hat die Auslage zu einem der 25 besten Clubs Europas gewählt. Moderate Preise vergrößern die Attraktivität dieses Gürtellokals mit Schräglage, das mit eigens konzipierter Soundanlage, beeindruckendem Booking und intimen Rückzugsorten glänzt. Nach dem Motto »In Love We Trust« bewegen Sie sich hier hauptsächlich zu Elektro und Dancehall.

➔ AUSLAGE

16. Bezirk | www.club-auslage.at | Do–Sa 23–6 Uhr | Lerchenfelder Gürtel 43

ERLAUBT IST, WAS GEFÄLLT

Der Kramladen ist der Benjamin unter den Gürtellocations. Die junge Truppe mischt die Szene mit einem unkonventionellen Musik- und Kulturangebot auf. Täglich spielen Livebands, wobei sich die Bandbreite nicht einschränken lässt: von der Indie-Band aus der tiefen Provinz bis hin zu internationalen Jazzgrößen. Erlaubt ist, was den Veranstaltern gefällt. Doch die Kramladen-Truppe trifft ihre Auswahl mit Bedacht. Auch fein: Die Drinks sind billig.

➔ KRAMLADEN

8. Bezirk | www.facebook.com/kramladen.wien | Mo–Sa 18–6 Uhr | Lerchenfelder Gürtel, U-Bahnbogen 39–40 | Tel. 0699 12 18 51 77

GRANDE DAME DER MUSIKSZENE

Etwas gediegener und langsamer muss nicht schlecht sein, wie das Porgy & Bess beweist. Diese elegante Jazzbar wurde zu einem der besten Jazzclubs Europas gewählt. Das Porgy ist die Grande Dame der Wiener Szene. Gut für Sie: Als JazzliebhaberIn können Sie wenig falsch machen. Die Musiker sind handverlesen. Das schlägt sich leider in mitunter recht saftigen Eintrittspreisen nieder.

➔ PORGY & BESS

1. Bezirk | www.porgy.at | Öffnungszeiten und Preise je nach Veranstaltung | Riemergasse 11 | Tel. 01 5 03 70 09

ELEGANZ ALU

Die kühle, aluminium-dominierte Einrichtung passt perfekt zum Schwerpunkt auf elektronische Musik. Das Rhiz ist das eleganteste unter den vielen Gürtellokalen. Aus dem einstigen Geheimtipp für experimentelle Sounds ist längst eine kleine Institution geworden, die unter den Bögen der ehemaligen Stadtbahn (oben rattert jetzt die U6) internationale DJs einlädt. Super auch die Livekonzerte!

➔ RHIZ

8. Bezirk | www.rhiz.org | So–Do 18–2, Fr/Sa 18–6 Uhr | Lerchenfelder Gürtel, U-Bahnbogen 37 | Tel. 01 4 09 25 05

Jetzt Jazz!
Meeting Point
Porgy & Bess

TECHNO MON AMOUR

Er muss weder unterkühlt noch unpersönlich sein, der Techno. Das beweist das Donau im Siebten. Hier können Sie sich auf ein musikalisches All-in-Paket einstellen, das alle Sinne anspricht: vom aufwändigen Lichtspektakel bis hin zu ausgefeilten Videoprojektionen. Zum familiären Charakter trägt ein Würstelstand bei, der die Mitte des Raums markiert.

DONAU

7. Bezirk | www.donautechno.com | Mo–Do 20–4, Fr/Sa 20–6, So 20–2 Uhr | Karl-Schweighofer-Gasse 10 | Tel. 01 5 23 81 05

SOUND OF DIASPORA

Wenn Sie in das migrantische Nachtleben Wiens eintauchen wollen, sind Sie im Opera Club richtig. Die Location unweit vom Karlsplatz ist immer noch ein Highlight INSIDER TIPP für Freunde der Balkandisko. Das musikalische Angebot hat Pfiff und ist breit gefächert. Auf jeden Fall immer höchst tanzbar.

OPERA CLUB

1. Bezirk | www.operaclub.at | Öffnungszeiten und Preise nach Programm | Mahlerstr. 11

Mädels-tour

Mit Prosecco und Stilettos durch die Nacht

Erst mal was essen! Das schicke Kolin (Motto: ›drink, eat, love‹) im Neunten würde sich anbieten, da gibt es ein himmlisches Beef Tartar. Dann der erste Drink an der Bar. Hier fühlt man sich immer ein wenig wie beim großen Gatsby daheim. Das macht Stimmung.

1 DAS KOLIN

€€€ | 9. Bezirk | www.daskolin.at | Mo–Sa 11–24 Uhr | Kolingasse 5 | Tel. 01 8 90 02 21

18.00 UHR

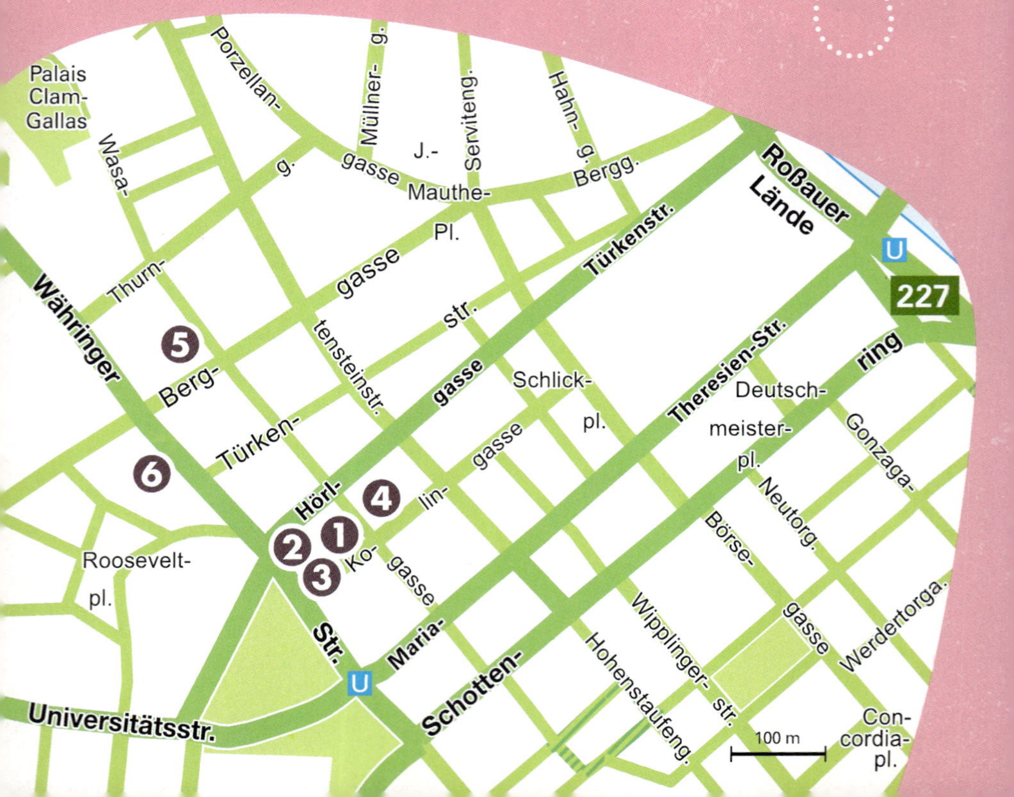

Fehlt zum Abendeinstiegsglück nur noch ein gediegenes Dessert. Zum Beispiel im Café Français, nur ein paar Gehminuten entfernt. Die feschen Kellner in der eleganten französischen Brasserie servieren Mousse au Chocolat oder Crêpes Flambées zum Rosé Pamp.

❷ CAFÉ FRANÇAIS

9. Bezirk | www.cafefrancais.at | Mo–Sa 9–24 Uhr | Währinger Str. 6–8 | Tel. 01 3 19 09 03

19.30 UHR

Nur ein paar Meter weiter eine coole Kellerbar mit nautischen Flair: Hier können Sie mal Ausschau nach einem Matrosen halten und gegen den Wunsch ankämpfen, sich sofort ein Tattoo stechen zu lassen. Dazu einen der herrlich verrückten Cocktails schlürfen. Und dann schnell weiter! Sonst lassen Sie sich am Ende wirklich noch einen Anker tätowieren.

❸ BOTANICAL GARDEN

9. Bezirk | www.botanicalgarden.at | Di–Sa 17–3 Uhr | Kolingasse 1 | Tel. 0676 4 42 25 53

20.00 UHR

Einmal umfallen, und Sie befinden sich in der OMU Bar. Neu, stylisch, gute Drinks. Und am Wochenende legt ein DJ auf. Tanzen wäre jetzt eine Idee. Und wenn der Hunger wiederkehrt: kein Problem. Es gibt hier auch ein paar ziemlich gute Snacks. Und das Highlight des Abends steht ja noch bevor …

❹ OMU BAR

9. Bezirk | www.omu.bar | Mi–Sa 17–2 Uhr | Kolingasse 7

21.30 UHR

Jetzt wird es kryptisch. Verzagen Sie nicht, wenn Sie kein Türschild sehen. Das gehört zum Image von The Krypt. Haben Sie die Türsteher erst hinter sich gelassen, erwartet Sie eine elegant-schummrige Top-Secret-Bar im Kellergewölbe. Die Atmosphäre ist düster, die Drinks ein Traum. Hier lässt es sich verweilen.

❺ THE KRYPT

9. Bezirk | keine Website, keine offiziellen Öffnungszeiten (das gehört zum Konzept) | Wasagasse 17

22.30 UHR

Wohin noch auf einen schnellen Schlummertrunk? Im Keller des Charlie P's Pub and Dining ist jeden Abend Studentenparty. Hier können Sie sich nach einer Bartour noch einmal wie 20 fühlen, wild zu Hip-Hop oder Neunziger-Songs tanzen und sturzbetrunken mit dem Medizinstudenten schmusen.

❻ CHARLIE P'S

9. Bezirk | www.charlieps.at | Mo–Fr 14–2, Sa/So 13–2 Uhr | Währinger Str. 3 | Tel. 01 4 09 79 23

00.30 UHR

Betrunken in Spelunken

Dunkle Theken statt Disko-theken

Ein Einkehrschwung in der Pizzeria Mafiosi sollte am Anfang jeder Sauftour durch das wilde Wien stehen. Wo sonst gibt es eine riesige Pizza um unter 6, ein Bier um 2 Euro? Außerdem erden das studentische Publikum, der viele Rauch und schallen die immergleichen Italosongs aus den Lautsprechern. Ein Bier für den Weg?

1 PIZZERIA MAFIOSI

15. Bezirk | www.pizzeria-mafiosi.at | tgl. 11–24 Uhr | Reindorfgasse 15 | Tel. 01 8 92 72 28

18.00 UHR

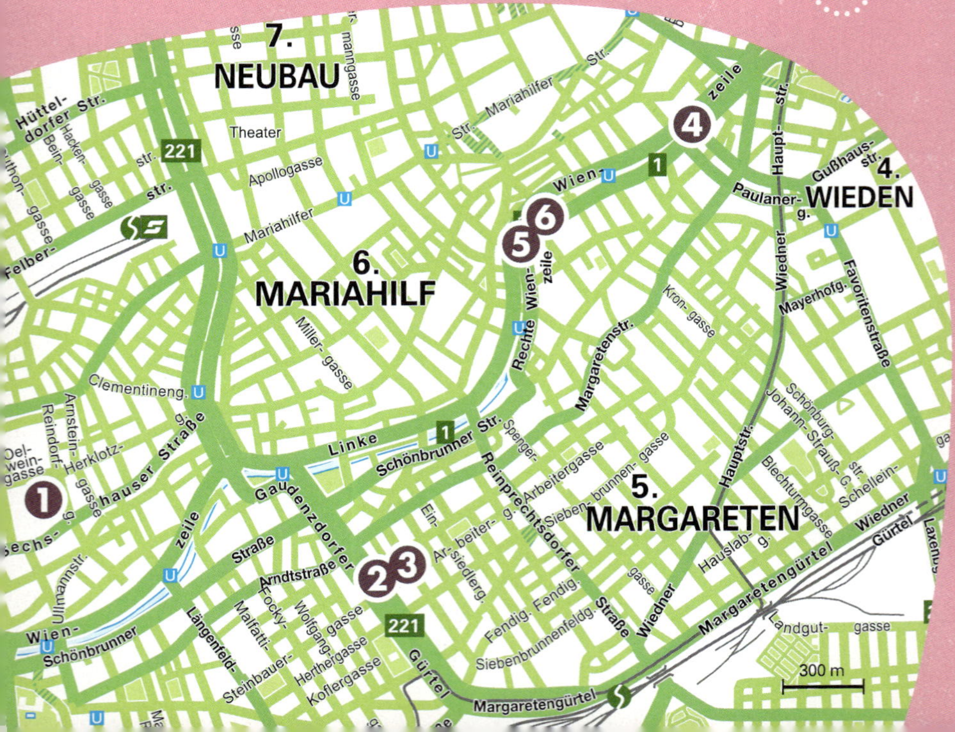

Und nun kurz zur U4 und zwei Stationen bis zum Margaretengürtel. Von dort ein paar Minuten zu Fuß bis zum Café Industrie. Von dem Arbeiterbeisl ließ sich der Mundl-Erfinder Ernst Hinterberger inspirieren. So widersprüchlich wie das Lokal ist die Musikauswahl von Tom Waits bis Andreas Gabalier. Ein Seidl sollte reichen, Sie haben ja noch was vor.

❷ CAFÉ INDUSTRIE

5. Bezirk | www.cafe-industrie.at | Mo–Sa 8–2 Uhr | Margaretengürtel 120 | Tel. 0664 5 54 61 46

20.00 UHR

Einmal umfallen und Sie sind im Rupp's. Das ist streng genommen kein Tschocherl, sondern ein recht adrettes Pub. Aber das ist uns jetzt egal, man kann dort trotzdem gut trinken, und die Bierauswahl ist super. Eines noch, okay? Dann geht's weiter.

❸ RUPP'S

5. Bezirk | www.rupps.at | Mo–Do 18–2, Fr/Sa 19–3 Uhr | Arbeitergasse 46 | Tel. 01 5 45 22 84

20.45 UHR

Ein letztes Mal in die U-Bahn, den Rest des Abends können Sie zu Fuß bewältigen. Es dauert auch wirklich nur zwei Stationen bis zur Eisernen Zeit am Naschmarkt. Steht dort gerade ein Betrunkener auf einem Bierfass und singt Arien – nur halt grottenfalsch? Egal. Einfach mal ein Bier, Prost!

❹ ZUR EISERNEN ZEIT

6. Bezirk | www.zureisernenzeit.at | Mo–Mi 10–23, Do–Sa 9–24 Uhr | Naschmarkt 313–316 | Tel. 01 5 87 03 31

22.00 UHR

Nein, streng genommen kann man sich am Weg zum Rüdigerhof wirklich nicht verlaufen. Im Prinzip wären es nur fünf Minuten. Außer natürlich man ist so besoffen wie Sie. Naa, eh witzig. Einfach nur gerade aus, entlang der U4. Fragen Sie halt den Kellner freundlich, ob Sie noch ein im klitzekleines Bier im Gastgarten kriegen. Sie sind auch ganz brav …

❺ CAFÉ RÜDIGERHOF

5. Bezirk | tgl. 9–2 Uhr | Hamburgerstr. 20 | Tel. 01 5 86 31 38

23.55 UHR

Hat man Sie tatsächlich rausgeworfen? Und Sie wollen noch immer nicht heim? Dann torkeln Sie halt ein paar Meter weiter bis ins Celeste. Das ist da, wo die laute Musik herkommt. Sie haben eh kein Problem mit verrauchten Räumen, oder? Also, nix wie rein und noch ein Bier. Prost!

❻ CELESTE

5. Bezirk | www.celeste.co.at | Öffnungszeiten ab 20.30/22 Uhr | Hamburgerstr. 18 | Tel. 01 5 86 53 14

02.15 UHR

Startpunkt der Reise ist die Mutter aller Gürtellokale: das Chelsea. Um diese Zeit ist hier noch nicht viel los, aus den Lautsprechern kommt Indie-Musik. Wie wär's zur Einsummen in den Abend mit einem Bier an der Theke? Aus der Flasche bitte, wir sind hier nicht in der Staatsoper.

1 CHELSEA

8. Bezirk | www.chelsea.co.at | Mo–Sa 18–4, So 16–3 Uhr | Lerchenfelder Gürtel, U-Bahnbogen 29–30 | Tel. 01 4 07 93 09

Beats, Bass, Besser

Hier gibt's was auf die Ohren

20.00 UHR

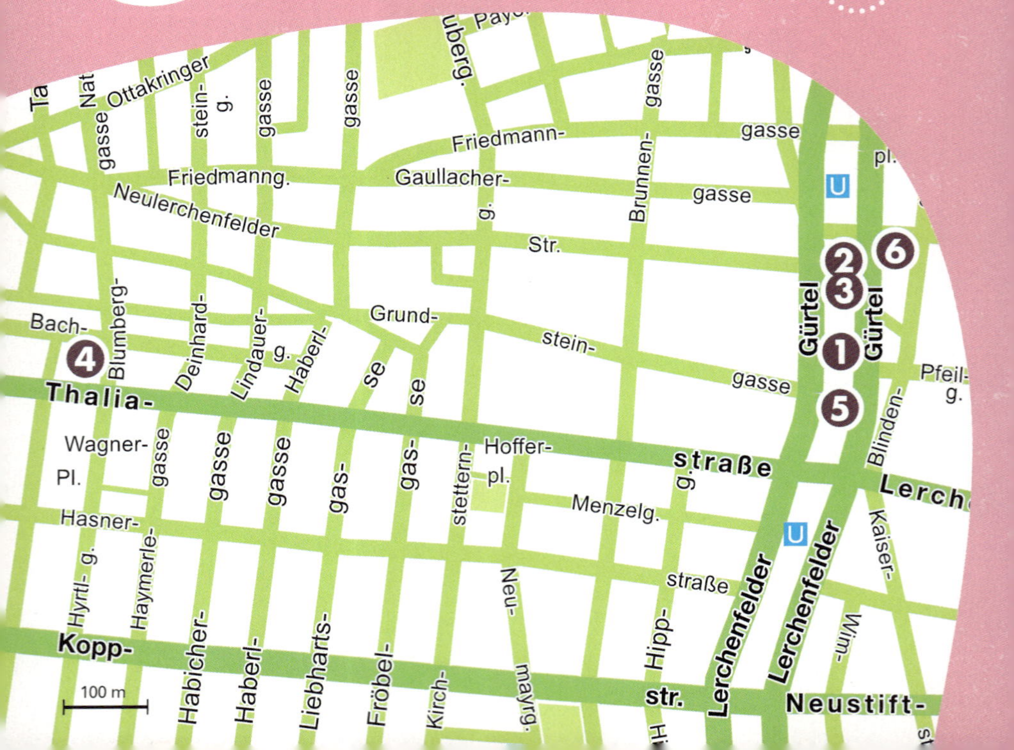

Der Kramladen – ein paar Schritte entfernt – ist die Wundertüte unter den Clubs am Gürtel. Diese Unberechenbarkeit gehört zum Konzept. Kann sein, dass sich gerade eine junge Punkband die Seele aus dem Leib schreit. Oder ein paar Klezmer-Musiker leise geigen. Das tschechische Bier ist weltklasse!

❷ KRAMLADEN

8. Bezirk | www.facebook.com/kramladen.wien | Mo–Sa 18–6 Uhr | Lerchenfelder Gürtel, U-Bahnbogen 39–40 | Tel. 0699 12 18 51 77

21.30 UHR

Einmal kurz raus und bei der nächsten Tür hinein. Sie sind jetzt im Rhiz und es ist rappelvoll. Legt schon ein DJ auf? Oder spielt die Liveband noch? Auf jeden Fall wissen Sie hier, was Sie erwartet: gute elektronische Musik. Enjoy!

❸ RHIZ

8. Bezirk | www.rhiz.org | So–Do 18–2, Fr/Sa 18–6 Uhr | Lerchenfelder Gürtel, U-Bahnbogen 37 | Tel. 01 4 09 25 05

23.00 UHR

Eine Station mit der U6 und ein kleiner Fußmarsch bringt Sie ins Bach. Der Kopf ist wieder ausgelüftet. Wenn Sie die lange Treppe nach unten und das Labyrinth bis zum Thekenbereich gemeistert haben, haben Sie sich ein Bier verdient. Für gewöhnlich spielen um diese Zeit am Wochenende noch junge Bands für kleinen Eintritt. Abtanzen? Nur zu!

❹ BACH

16. Bezirk | dasbach.at | So–Do 18–2, Fr/Sa 18–4 Uhr | Bachgasse 21 | Tel. 01 2 36 46 13

00.15 UHR

Wollen Sie wirklich noch weiter? Gönnen Sie sich einfach ein Taxi zurück zum Gürtel. Die Nacht endet im Loop, wenige Meter von Ihrem Ausgangspunkt entfernt. Hier können Sie nach Belieben abshaken zu einer bunten Mischung aus Hip-Hop, House, Funk, Jazz.

❺ LOOP

8. Bezirk | loop.co.at | Mo–Mi 19–2, Do 19–3, Fr/Sa 19–4, So 19–1 Uhr | Lerchenfelder Gürtel, U-Bahnbogen 26 | Tel. 01 4 02 41 95

01.45 UHR

Was, aus dem Loop hat man Sie auch hinauskomplimentiert, und Sie wollen noch weiter? Sie sind aber wirklich ein harter Knochen! Ok, dann gibt es nur noch eine Möglichkeit: einmal umfallen, und Sie sind im Café Carina. Das ist da, wo immer noch laute Musik herkommt und Betrunkene beim Rauchen vor der Tür mitsingen.

❻ CAFÉ CARINA

8. Bezirk | www.cafe-carina.at | Mo–Do 18–2, Fr/Sa 18–6 Uhr | Josefstädter Str. 84 | Tel. 01 4 06 43 22

04.15 UHR

STELLDICHEIN IM SCHUMMERSCHEIN

Der tiefe Graben birgt des Nachts so manches Geheimnis. In der Nähe des Hotels Orient, in das sich Paare zum Stelldichein begeben, befindet sich diese Location. Sie ist ein Klassiker unter den Wiener Gay-Diskos, aber auch Heteros gehen hier gern tanzen. Glam, Glitzer und Stil sind bei den Besuchern die Norm. In den Bars und auf dem Dancefloor läuft unterschiedliche Musik, die viele Geschmäcker trifft und so für ein bunt gemischtes Publikum sorgt. INSIDER TIPP Auf der Website zum Newsletter anmelden und Freiticket sichern.

➔ WHY NOT CLUBDISKO

1. Bezirk | www.why-not.at | Fr, Sa und vor Feiertagen 22–4 Uhr | Eintritt je nach Veranstaltung oder frei | Tiefer Graben 22 | Tel. 01 9 20 47 14

HIER SPIELT DIE MUSIK!

Seit 1945 amerikanische GIs in einem Bereich des Gewölbes einen Jazzclub eingerichtet hatten, spielt hier die Musik. Der ehemalige Ost-Klub firmiert mittlerweile unter dem Namen Schwarzberg. Schluss mit Russendisko und Balkanparty. Die Räume, Vinothek, Konzertsaal und Sektbar, verraten die Bandbreite. Musikalisch reicht das Programm von Chanson über Tango und Fünfzigerjahre-Revues bis zu Wienerlied-Abenden.

➔ SCHWARZBERG

4. Bezirk | www.schwarzberg.wien | Öffnungszeiten und Preise laut Wochenprogramm | Schwarzenbergplatz 10

Ganz du selbst in der Wunderbar

VERSUMPERN

Einer geht noch!

WÄHRINGS PERLE

Sein Geburtsjahrzehnt in den Fünfzigern sieht man dem Café Stadtbahn leicht noch an. Und das ist gut so, denn die alte Budel samt Bieranlage machen den speziellen Charme dieser abgefuckten Perle Währings aus. Während der Sommermonate Juli und August hat das Lokal zwar geschlossen, kann aber für eigene Veranstaltungen gemietet werden. Konzerte von Wiener Lied über Jazz bis Punk.

➔ **CAFÉ STADTBAHN**

18. Bezirk | www.cafestadtbahn.org | Mo–Sa 19–2 Uhr | Gersthofer Str. 47 | Tel. 01 4 79 13 53

DER REIZ DES UNAUFDRINGLICHEN

Der Stil der Wunderbar färbt auch immer ein wenig auf ihre Gäste ab. In den dunklen Ledereckbänken fühlt man sich bald wie eine Burgschauspielerin nach der Premiere. Oder ein Kaffeehausliterat, der an der halbrunden Bar stundenlang seinen Gedanken nachhängt. Diese Unaufdringlichkeit der versteckten Kneipe im Ersten macht ihren Reiz aus – und ihre Gefährlichkeit. Man will nicht mehr aufstehen. Egal, ob mit oder ohne Gesellschaft.

➔ **WUNDERBAR**

1. Bezirk | www.facebook.com/WunderBarWien | tgl. 17–2 Uhr | Schönlaterngasse 8 | Tel. 01 5 12 79 89

MUFFIG UND VOLL TOLL

Das Alt Wien, eigentlich eine Mischung aus Café und Beisl, sei urig, urgemütlich und ein Unikat, sagen die Stammgäste. Das sind lokale Berühmtheiten, Künstler und junge Hipster. Da stört es auch niemanden, dass es leicht muffig und verqualmt ist und die vergilbten Wände bis zur Decke schichtenweise mit Plakaten beklebt sind. Besonders am Abend ist das Kultlokal oft voll besetzt – und das meist bis zur späten Sperrstunde.

➔ **CAFÉ ALT WIEN**

1. Bezirk | www.kaffeealtwien.at | Mo–Do, So 10–2, Fr/Sa 10–4 Uhr | Bäckerstr. 9 | Tel. 01 5 12 52 22

AUF DEN ERNST DES LEBENS!

Sie haben keinen freien Tisch in der Eisernen Zeit ergattert? Na, dann setzen Sie sich eben irgendwo dazu. Fragen kostet nichts. Wie oft haben Sie Gelegenheit, mit wildfremden Leuten anzustoßen und über die wirklich wichtigen Dinge des Lebens (die einem beim dritten Bier einfallen) zu reden? Eben. Aber Vorsicht, Sie sollten wissen, worauf Sie sich hier einlassen: Wer vom Hundertsten ins Tausende kommt, sollte Zeit einplanen.

ZUR EISERNEN ZEIT

6. Bezirk | **www.zureisernenzeit.at | Mo–Mi 10–23, Do–Sa 9–24 Uhr | Naschmarkt 313–316 | Tel. 01 5 87 03 31**

EIN HERZ FÜR RAUCHER

Vor mehr als 30 Jahren war das Tag/Nachtasyl das nächtliche Refugium tschechoslowakischer Oppositioneller in Wien. Sogar Vaclav Havel soll einst reingeschneit sein. Heute hat das gut verrauchte Kellerlokal – von den linken Parolen an den Wänden abgesehen – wenig politische Relevanz. Das Publikum ist bunt und verwegen. Das Bier ist billig und geraucht darf überall werden. Bei Slivovic und Becherovka sitzt man hier – der Welt für eine Nacht den Rücken gekehrt – bis in die frühen Morgenstunden.

TAG/NACHTASYL

6. Bezirk | **www.facebook.com/TagNachtasyl | Mo–Fr 17–4, Sa/So 20–4 Uhr | Stumpergasse 53–55 | Tel. 01 9 67 66 61**

UND EWIG LOCKT DAS SOFA

Als Paradies – insbesondere für Liebhaber vegetarischer Küche, aber nicht nur für die – ist Das Augustin schon jetzt stadtbekannt. Worüber keiner groß spricht: Das ehemalige Wirtshaus mit den Wohlfühlsofas und den höchst überschaubaren Preisen ist der ideale Ort zum Versumpern. Die superfreundlichen Kellner machen es einem nicht leichter.

DAS AUGUSTIN

15. Bezirk | **www.das-augustin.at | Mo–Do 16–24.30, Fr 16–1.30, Sa 9.30–1.30, So/Fei 9.30–0.30 Uhr | Märzstr. 67 | Tel. 01 9 82 13 64**

NACH DER LETZTEN U-BAHN FÄNGT DIE NACHT ERST AN

Der Rüdigerhof hat den schönsten Gastgarten Wiens – auch wenn alle paar Minuten daneben die U4 vorbeirattert. Wenn sie nicht mehr fährt, dann wissen Sie, dass Mitternacht schon lange vorüber ist. Was Ihnen vielleicht nicht aufgefallen ist, weil sie sich mit einem der Künstler und Freigeister, die hier in hoher Frequenz verkehren, in eine Diskussion über was auch immer verrannt haben. Vermutlich hat Sie der Kellner mit den langen Haaren auch schon ein, zwei Mal darauf aufmerksam gemacht, dass es an der Zeit wäre hineinzugehen. Soll sein. Geht die Diskussion halt drinnen weiter.

RÜDIGERHOF

5. Bezirk | **tgl. 9–2 Uhr | Hamburgerstr. 20 | Tel. 01 5 86 31 38**

MIT MONROES SEGEN

Früher waren im Tanzcafé Jenseits käufliche Damen anzutreffen. Heute blickt Marilyn Monroe verständnisvoll aus ihrem Rahmen auf das bunt gemischte und in der Regel sehr aneinander interessierte Publikum. In der schummrig-eleganten Bar mit feiner Tanzmusik lässt es sich leben – und lieben.

➔ TANZCAFÉ JENSEITS

6. Bezirk | www.tanzcafe-jenseits.com | Di–Sa 20–4 Uhr | Nelkengasse 3 | Tel. 01 5 87 12 33

ES WIRD (NICHT) NUR EIN SPRITZER SEIN …

Hipster lieben das Liebling. Aber eben nicht nur. Wer einmal in den abgewetzten Vintage-Couchsesseln versunken ist und einen, »aber diesmal wirklich nur einen!« der Spritzer – die hier in verschiedenen Varianten angeboten werden – bestellt hat, der hat praktisch verloren. Es wird niemals bei einem bleiben und wenn Sie sich ehrlich sind, dann wussten Sie das bereits beim Reingehen.

➔ LIEBLING

7. Bezirk | www.facebook.com/liebling1070 | Mo–Do 9–2, Fr/Sa 9–4, So 9–24 Uhr | Zollergasse 6 | Tel. 01 9 90 58 77

Warum nur einer?

Wenn man sie alle haben kann – die Spritzer im Liebling

Nachteulen-fütterung

Schön was los bei Mozart's

Nach dem Bier ist vor dem Döner

LATE SNACK ATTACK

JE SPÄTER DIE NACHT, DESTO SCHÖNER DIE KELLNER

Sperrstunde? Am Wochenende hat die Küche im legendären Motto mindestens bis halb 3 Uhr früh geöffnet, unter der Woche auf jeden Fall bis nach Mitternacht. **INSIDER TIPP** Beef Tartar oder Schinkenfleckerl, davor oder danach noch einen Cocktail an der stylishen Bar. Ein bisschen schwul und extrem elegant mit den schönsten Kellnern der Stadt. Im Sommer lockt ein traumhafter Innenhofgarten.

➔ MOTTO

5. Bezirk | **www.motto.wien** | **So–Do 18–2, 18–2, Fr/Sa 18–4 Uhr** | **Rüdigergasse 1** | **Tel. 01 5 87 06 72**

DIE NACHTPIZZERIA IHRES VERTRAUENS

Finger weg von den grindigen Pizzaecken der Imbissstände! Es gibt eine bessere Lösung, und zwar im Siebten. An den Margheritas und Capricciosas in der Pizzeria Nino gibt es wirklich überhaupt nichts auszusetzen – vor allem aber kriegt man sie dort bis zwei Uhr nachts. Und wenn Sie möchten, können Sie sich Ihre Pizza auch mitnehmen.

➔ PIZZERIA NINO

7. Bezirk | **www.pizzeria-nino.at** | **tgl. 11–2 Uhr** | **Burggasse 102** | **Tel. 0681 20 56 70 13**

DEFTIGES NACH MITTERNACHT

Das Mozart's ist der Klassiker für hungrige Nachteulen. Österreichische Küche und Burger von der Weinschenke (Patties, Buns und Saucen werden im Original geliefert und vor Ort gebraten), sehr schönes, altes Beisl, geschmackvoll renoviert. Das Publikum ist meist recht jung, da die Backpacker von der Jugendherberge nebenan den Altersschnitt senken. Küche am Wochenende bis 6 Uhr früh und unter der Woche bis 2 Uhr.

➔ MOZART'S

15. Bezirk | **mozartsvienna.com** | **So–Do 18–2, Fr/Sa 18–6 Uhr** | **Haidmannsgasse 8** | **Tel. 01 8 92 08 78**

ZEITVERSCHIEBUNG

Der entspannte Klassiker im Siebten ist nicht nur eine feine Adresse zum Fortgehen. Man kann im Café Europa nachts auch pippifein zu anständigen Preisen essen. Auf der Speisekarte steht ein deftiges Gulasch ebenso wie internationale Küche und super Burger. Mit etwas Glück legt sogar ein DJ auch. Ach ja, und das Coolste: Sie können hier INSIDER TIPP bis 4 Uhr früh frühstücken.

➔ CAFÉ EUROPA

7. Bezirk | www.europa-lager.at | tgl. 9–5 Uhr | Zollergasse 8 | Tel. 01 5 26 33 83

À LA CARTE NACH MITTERNACHT

Mittwoch bis Sonntag kann man hier von 2 Uhr in der Nacht bis 10 Uhr am Morgen im Keller feiern und oben gar nicht mal so schlecht essen. Vom kleinen Snack wie Toast oder Süßkartoffel-Wedges über Burger und Beef Tartar bis hin zu Wok-Gerichten. Aber auch das Frühstück ist echt okay. Beim Hangover-Breakfast gibt's obendrauf einen Pfiff oder ein Glas Prosecco. Nur das Publikum ist halt manchmal etwas durchgefeiert. Und ziemlich teuer ist es ehrlich gesagt auch.

➔ GOODMANN

€€€ | 4. Bezirk | www.goodmann.at | Mi–So 2–10 Uhr | Rechte Wienzeile 23 | Tel. 01 9 67 44 15

GUT UND BILLIG

Das Bendl ist ein Tschocherl, wie es im Buche steht. Üblicherweise bleibt man nicht wegen dem Essen dort. Wenn aber nach Mitternacht der Magen knurrt, schafft es Abhilfe. Gut, in der Küche steht kein Haubenkoch, aber alles, was serviert wird, ist in Ordnung. Es gibt Suppen, Brote, Gulasch oder Würstel: alles unter 6 Euro.

➔ CAFÉ BENDL

1. Bezirk | bendl.wordpress.com | Mo–Do 6–2, Fr 6–4, Sa 18–4, So 18–2 Uhr | Landesgerichtsstr. 6 | Tel. 0676 6 26 36 82

Zu dir, zu mir?

Oder im Café Europa bleiben bis zum Frühstück?

KATER-FRÜHSTÜCK

Rollmops & Co. machen wieder froh

KLAR-KOPF-MACHEN AN DER FRISCHEN LUFT

Im Sommer lässt sich der vormittägliche Kater gut im Wirr am Brunnenmarkt füttern. Entweder auf der riesigen Dachterrasse oder im kleinen Schanigarten: perfekt zum Kopfauslüften. In der kalten Jahreszeit empfiehlt sich das sehr gemütliche Wirr im Siebten. INSIDER TIPP Kater-Klassiker »The Devil's Breakfast« um 9,20 Euro mit Baked Beans, gebratenem Speck, Chorizo, hausgemachten Kartoffel-Wedges, zwei pochierten Eiern und einer Bloody Mary.

➔ **WIRR AM BRUNNENMARKT**

16. Bezirk | www.facebook.com/Wirr-am-Brunnenmarkt-830701193742448/ | Mo–Sa 9–23 Uhr | Yppenmarkt | Tel. 01 4 02 30 98

➔ **WIRR IN DER BURGGASSE**

7. Bezirk | wirr.at | So–Mi 8–2, Do–Sa bis 4 Uhr | Burggasse 70 | Tel. 01 9 29 40 50

VADIS MACHEN'S WIEDER GUT

Der perfekte Katerbrunch am Sonntag für 13,50 Euro. Ein Tischbuffet in drei Gängen mit spannenden Frühstücksgerichten aus Sri Lanka. Unter anderem werden Vadis, salzige, frittierte Snacks in der Form von Donuts, Thosai, eine Palatschinken-Art, sowie verschiedene Currys, Brotvariationen und Süßspeisen angeboten.

➔ **CURRYINSEL**

8. Bezirk | curryinsel.at | Di–Fr 17–24, Sa/So 11–24, Sonntagsbrunch 11–15 Uhr | Lenaugasse 4 | Tel. 01 4 06 92 33

MIT TAPAS GEHT'S DEM KATER AN DEN KRAGEN

Von Mittwoch bis Sonntag gibt's in dem hippen, stylischen Bits & Bites im Sechsten bis 15 Uhr Frühstückstapas. Kleine leckere Portionen vom Porridge mit Früchten, Nüssen und Chia-Samen bis hin zu deftigeren Eierspeisen, Baguettes und Broten. Da zieht der Kater den Schwanz ein.

➔ **BITS & BITES**

6. Bezirk | www.bitsandbites.at | Mi–Sa 10–15, 18–22, So 10–15 Uhr | Webgasse 27 | Tel. 0660 8 37 25 09

visiting mozart
1010 Wien | Domgasse 5 | Tel.: +43-1-512 17 91
täglich 10 - 19 Uhr | www.mozarthausvienna.at
MOZART HAUS VIENNA
mit WIEN MUSEUM MOZARTWOHNUNG
WIEN-TICKET.AT 58885
WIEN KULTUR
mehr wien zum leben.
wienholding

WOCHEN-ENDE – GAAANZ GEDIEGEN

BRUNCH'N' BREAKFAST

Raus aus den Federn, ran ans Buffet

HEUREKA!

Ein gutes Frühstückslokal muss nicht wie ein solches aussehen. Ein Beispiel dafür ist die Rote Rübe, ein griechisches Restaurant in der Zieglergasse. Neben landestypischen Salaten und landesuntypischen gefüllten Crêpes, gibt es – ja! – griechisches Frühstück, und zwar den ganzen Tag: Artischocken, Kapern, Olivenpaste oder Joghurt mit Thymian-Honig, Obst und Nüssen.

➔ ROTE RÜBE

7. Bezirk | www.rote-rübe.com | Juni–Sept. Di–Sa 9–16, Okt.–Mai So 9–16 Uhr | Zieglergasse 37 | Tel. 0650 7 91 38 60

DIE ERSTE WAHL IM SOMMER

Der Tag ist noch jung, Ihr Magen knurrt und draußen lockt die Sonne? Zeit also für ein ausgedehntes Frühstück im Freien. Der Gastgarten im Innenhof ist eine Sensation: Überall grünt und blüht es, dazwischen hängen bunte Lampions. Dazu Müslis in unzähligen Varianten, steirische Eierspeise mit Kürbiskernöl, Salate, Kuchen ... Fad wird Ihnen im Mill kaum – kulinarisch gesehen ohnehin nicht. Das Angebot ist reichhaltig und wechselt regelmäßig.

➔ MILL

6. Bezirk | www.mill32.at | Mo–Fr 12–15, 17–24, So 11–16 Uhr | Tel. 01 9 66 40

FRÜHSTÜCKEN WIE GOTT IN FRANKREICH

Was hat Vanessa Paradis mit Omar Sharif zu tun? Beide sind Namensgeber für ein ganz besonderes Frühstück im meist rappelvollen Café Français. Ob es den verstorbenen ägyptischen Schauspieler morgens tatsächlich nach scharfen orientalischen Omelettes mit Hummus verlangte, ist nicht überliefert. Vielleicht hätte er sich auch für eine der 13 anderen Frühstücksvarianten entschieden, die hier zu Pariser Chic und moderaten Preisen angeboten werden.

➔ CAFÉ FRANÇAIS

9. Bezirk | www.cafefrancais.at | Mo–Sa 9–24 Uhr | Währinger Str. 6–8 | Tel. 01 3 19 09 03

Landes-typisch
untypisch: die Rote Rübe

BUCHSTÄBLICH GUT IN DEN TAG

Sie sind in einer Bibliothek und dürfen trotzdem reden, essen und trinken, so viel Sie wollen – und das Buch, das Ihnen gerade so gut gefällt, sogar kaufen. Und nicht nur das: Im Phil kann man alte Lampen, Vintage-Möbel oder Platten (Schwerpunkt heimische Bands) erstehen. Es ist der vielleicht beste Ort, um an einem freien Vormittag Pläne zu schmieden oder sich inspirieren lassen. Das Publikum ist jung und entspannt, abends legen ab und zu DJs auf.

CAFÉ PHIL

6. Bezirk | www.phil.info | Mo 17–1, Di–So 9–1, Frühstück tgl. 9–16 Uhr | Gumpendorfer Str. 10–12 | Tel. 01 5 81 04 89

KRAFTWERK FÜR DEN RESTLICHEN TAG

Auf den ersten Blick sieht es nur aus wie ein schicker Laden für Vintage-Klamotten. Ist es ja auch. Aber im Café Burggasse 24 können Sie auch extrafein frühstücken – wenn Sie möchten, sogar bis 16 Uhr. Es ist ein vegetarisch-veganes Schlaraffenland. Mit dem verlockenden »Kraftwerk« – Ofen-Süßkartoffel mit Joghurt, gerösteten Nüssen und Honig, dazu hausgemachte Baked Beans – sind Sie nicht nur für die Anprobe bestens gewappnet.

CAFÉ BURGGASSE 24

7. Bezirk | www.burggasse24.com | Mo–Do 11–20, Fr–So 10–18 Uhr | Burggasse 24 | Tel. 0677 61 64 17 84

Üppig & exotisch
Dschungelflair im Palmenhaus

ÜPPIGER, ALS DER PLATZ ERLAUBT

Klein ist hier nur der Gästeraum mit Kochecke. Die Auswahl an Frühstücksvarianten (etwa das »Sunny-Side-up-Frühstück« mit zwei Spiegeleiern, gebratenen Zucchini, Rohschinken, Bergkäse und einem Glas Holundersaft für 7 Euro) ist groß, die Portionen sind üppig. Wenn Sie hier einen Platz kriegen, werden Sie glatt zum Sitzenbleiber.

➔ BREAKFAST CLUB

4. Bezirk | www.thebreakfastclub.at | Mo–Fr 8–14, Sa/So 8–15 Uhr | Schleifmühlgasse 12–14 | Tel. 01 5 81 26 92

ZUM FRÜHSTÜCK UM DIE GANZE WELT

Sie müssen nicht im Daniel wohnen, um im Daniel zu frühstücken. Das Hotel wird geliebt für sein internationales Flair. Das dazugehörige Café, ein gemütliches Shabby-Chic-Lokal, bietet Köstliches aus aller Welt. Getreu dem Motto: »Man reist nicht mit dem Finger auf der Landkarte. Sondern mit dem Finger am Teller.« Hier erleben Sie besondere Gaumenfreuden: vom florentinischen Brotsalat über orientalische Antipasti bis zum INSIDER TIPP himmlischen Kuchen, gebacken von einer Nachbarin.

➔ DANIEL BAKERY

3. Bezirk | www.hoteldaniel.com | tgl. 6.30–1, Küche bis 23 Uhr | Landstraßer Gürtel 5 | Tel. 01 90 13 10

UNTER PALMEN

Von der üppigen Jugendstilarchitektur des Palmenhauses am Rande des Burggartens ließe sich stundenlang schwärmen. Ebenso von den exotischen Riesenpflanzen im Inneren des Gewächshauses, das ein charmantes Café beherbergt. Nicht nur an trüben Sonntagvormittagen ist diese Adresse für ein reichhaltiges Frühstück mit Dschungelflair die erste, wenn auch etwas kostspielige Wahl.

➔ PALMENHAUS IM BURGGARTEN

1. Bezirk | www.palmenhaus.at | Mo–Do 10–24, Fr–So 10–23 Uhr | Burggarten 1 | Tel. 01 5 33 10 33

ZEIT, ZEITUNGEN UND VIEL KAFFEE

Hier lässt sich der Tag entspannt beginnen. Das Vindobona liegt im Herzen der Brigittenau und bietet alles für ein gutes Frühstück: Zeitungen, Mehlspeisen, 23 unterschiedliche Frühstücksvariationen – und das Beste: Zwischen 7 und 12 Uhr kostet jeder INSIDER TIPP Kaffee nur einen Euro. Bei gutem Wetter lockt der sonnige Platz vor dem Café-Restaurant. Wenn Ihnen für Sonntagabend noch der Sinn nach Kultur steht, besorgen Sie sich hier gleich Karten für das dazugehörige Kabarett.

➔ VINDOBONA

20. Bezirk | www.cafevindobona.at | tgl. 7–24 Uhr | Wallensteinplatz 6 | Tel. 01 5 12 47 42

IMMER MIT DER RUHE!

Ein Geheimtipp für alle, die beim Frühstück einfach nur ihre Ruhe haben möchten, ist das Café Weidinger vis-à-vis der Lugner-City. Das ist das Erfolgsrezept eines Kaffeehauses, das heute immer noch fast so aussieht wie vor 50 Jahren. Auch das Frühstückssortiment hat sich seither kaum geändert: Exotische Müsli-Kreationen sucht man hier vergeblich, frisch gepresster Orangensaft: Fehlanzeige! Das Weidinger hat nicht einmal eine Website. Aber das Spiegelei ist hervorragend und die Semmeln immer knusprig. Zeitungen gibt es auch und im Sommer einen wunderschönen Innenhof.

➔ CAFÉ WEIDINGER

16. Bezirk | tgl. 8–24 Uhr | Lerchenfelder Gürtel 1 | Tel. 01 4 92 07 02

FRÜHSTÜCK MIT KANZLER UND CO

Für politische Feinspitze ist ein gelegentliches Sonntagsfrühstück im Café Landtmann ein Muss. In dem großräumigen Kaffeehaus – unweit von Bundeskanzleramt und Parlament – kann man bei Kipferl und Melange brisante Neuigkeiten aufschnappen, ehe sie in der Zeitung stehen. Das Landtmann ist die Auslage der Politik: Hierhin geht man, um zu sehen und gesehen zu werden. Die Auswahl ist reichhaltig, die Ober freundlicher, als man glaubt.

➔ CAFÉ LANDTMANN

1. Bezirk | www.landtmann.at | tgl. 7.30–24 Uhr | Universitätsring 4 | Tel. 01 24 10 01 00

MIT TRATSCH UND KLATSCH IN DEN TAG

Politiker treffen Sie im Café Engländer zwar eher selten. Doch viele andere lokale Promis (zugegebenermaßen auch solche, die sich dafür halten) halten hier regelmäßig Hof, um am Vormittag zwischen den tiefen roten Plüschbänken die neuesten Gerüchte auszutauschen. Dazu gibt es ein überwältigendes Sortiment an Zeitungen und neben anderen das deftige »Engländer-Frühstück«: Baked Beans, gebratenen Speck und Bratwürstel – englisch mit Wiener Einschlag.

➔ CAFÉ ENGLÄNDER

1. Bezirk | www.cafe-englaender.com | Mo–Sa 8–1, So 10–1 Uhr | Postgasse 2 | Tel. 01 9 66 86 65

KLASSE KLASSIK!

Würden Sie ab zu gerne mitreden, wenn von »ernster Musik« die Rede ist? Sie wissen schon: Mozart, Beethoven, so was in der Art. Eine super Einstiegsdroge in die Welt der klassischen Musik wird jeden Samstagmorgen im Ö1-Radiokulturhaus verabreicht, wo erstklassige Musiker vor Publikum spielen. Geben Sie sich einen Ruck: INSIDER TIPP Karten ab 7,90 Euro, billiger kommen Sie nicht in ein Konzert mit echten Profimusikern.

Ö1 KLASSIK-TREFFPUNKT

4. Bezirk | oe1.orf.at/klassiktreffpunkt | Sa 10.05 Uhr | ORF-Radiokulturhaus, Argentinierstr. 30a | Karten bei Ö-Ticket (www.oeticket.com)

Hey, Samstag-vormittag!

Dafür lohnt's sich aufzustehen

BESTE SCHMANKERLN FÜR FRÜHE VÖGEL

Der Karmelitermarkt im Zweiten ist ein Muss für alle, die Lust auf Regionalität haben. Jeden Samstag kommen Bauern aus der Umgebung und bieten Köstlichkeiten der Saison feil. Ob das nun frische Äpfel sind oder Geselchtes, Hauptsache Slow Food: genussreich und gesund. Auch Freunde internationaler Spezialitäten kommen auf ihre Kosten. Einziger Nachteil: Der Markt beginnt bereits um 6 Uhr früh und ist gut besucht. Wer die ganze Auswahl genießen will, muss früh raus aus dem Bett.

KARMELITERMARKT

2. Bezirk | Mo–Fr 6–19.30, Sa 6–17 Uhr

WO IST DAS SCHNÄPPCHEN?

Sie sagen, den Naschmarkt mit seinen Viktualien kenne ohnehin jeder? Gut. Aber kennen Sie auch den großen Flohmarkt, der dort wöchentlich stattfindet? Jeden Samstag reiht sich entlang der Wienzeile Stand an Stand, die Verkäufer kommen aus aller Herren Länder. Wer nur Lust auf einen Bummel hat, kann sich Zeit lassen. Für die besten Schnäppchen aber geht man am Freitag früh schlafen oder legt sich erst gar nicht hin.

FLOHMARKT BEIM NASCHMARKT

6. Bezirk | Sa 6.30–18 Uhr | Wienzeile bei der Kettenbrücke

WIEN, WIEN, NUR WIR ALLEIN ...

... und das Wasser. Das Krapfenwaldbad ist eins der schönsten Bäder Wiens – und das höchstgelegene: am Hang des Cobenzels mit einer atemberaubenden Aussicht über die Stadt. Entsprechend überfüllt ist das idyllische Freibad in der warmen Jahreszeit. An einem Samstagvormittag jedoch haben Sie die Postkarten-Aussicht über Wien (fast) ganz alleine für sich.

KRAPFENWALDBAD

19. Bezirk | Mo–Fr 9–19, Sa/So 8–19 Uhr (Sommermonate) | Krapfenwaldgasse 65–73 | Tel. 01 3 20 15 01

EIN MÄRCHEN AUS 1001 MORGEN

Wenn der Wecker klingelt, müssen Sie sich nicht kasteien – im Gegenteil: Was kommt, ist besser als schlafen. Im Aux Gazelles beginnen Sie den Tag mit einem original marokkanischen Frühstück. Das bekommen Sie auch hier nur am Samstagmorgen. Danach wickeln Sie sich in ein orientalisches Handtuch und lassen sich im Hamam verwöhnen: mit Dampfbädern, Salbungen und Peelings. Wenn Sie mögen, können Sie dabei ja weiterschlummern.

HAMMAM UND SALON DE BEAUTÉ IM AUX GAZELLES

6. Bezirk | www.auxgazelles.at/club | außer Aug. Sa 11–22 Uhr | Rahlgasse 5 | Tel. 01 5 85 66 45 | reservieren!

WILL MITTAG-ESSEN!

Ein Wochenende ohne ist möglich, aber sinnlos

Bloß keine Kalorien zählen

In der Jausenstation Meierei

HANDFEST KREDENZT

Hanno Pöschl, das Wiener Original aus zahlreichen Film- und Fernsehproduktionen, bleibt auch in der Gastronomie dem Genre treu: In seinem kleinen Lokal wird vorwiegend Handfestes aus der Wiener Küche – oft mit einem Twist – kredenzt, wie z. B. Hirschschnitzel. Das Lokal hieß früher übrigens Immervoll, und das ist ein wichtiger Hinweis: Sie sollten unbedingt reservieren!

➔ GASTHAUS PÖSCHL

1. Bezirk | tgl. 12–22.45 Uhr | Weihburggasse 17 | Tel. 01 5 13 52 88

AUSG'STECKT IS AM CAMPUS

Heurige gehören genauso zu Wien wie die Melange und der Fiaker. Doch wer glaubt, sie seien nur am Stadtrand zu finden, irrt. Im Zentrum liegt etwa der Bierheurige Gangl am Campus des Alten Allgemeinen Krankenhauses. Ein Besuch ist besonders in der warmen Jahreszeit zu empfehlen: Unter den Bäumen im schönen Innenhof schmecken das Bier aus der hauseigenen Brauerei und die Fruchtsäfte aus selbst angebautem Obst besonders erfrischend.

➔ GANGL

9. Bezirk | www.gangl.at | Mo–Fr 9–24, Sa/So 11–24 Uhr | Alser Str. 4, Hof 1 | Tel. 01 4 09 19 94

MEHR ALS DÖNER & CO

Wie gut, dass türkische Restaurants keine Sonntagsruhe kennen. Wenn Sie Lust auf osmanische Spezialitäten jenseits von Kebab und Dürüm haben, ist das Etab in Ottakring eine gute Adresse. Und ganz nebenbei auch noch eine recht günstige!

➔ ETAP

16. Bezirk | www.etaprestaurant.at | tgl. 8–24 Uhr | Neulerchenfelder Str. 13 | Tel. 01 4 06 04 78

TAFELN WIE SISSI UND FRANZI

Einmal ein deftiges Sonntagsessen wie vor 150 Jahren? Geht klar, am besten in der Jausenmeierei bei Schönbrunn. Dort sitzt es sich im Sommer ganz wunderbar unter Bäumen, und die Speisekarte lässt wenig Wünsche offen: von klassischen Meiereispezialitäten bis hin zu Exotischererem wie Tapas. Auf jeden Fall stilecht mit einem Kaiserschmarrn zum Abschluss.

➔ JAUSENSTATION MEIEREI

19. Bezirk | www.landtmann-jausenstation.at | April–Okt. tgl. 9 Uhr bis Parksperre, Okt.–März Sa/So 9 Uhr bis Parksperre | Schloss Schönbrunn Kronprinzengarten (Eingang Meidlinger Tor) | Tel. 01 24 10 03 80

LEICHT INDISCH

Durch dieses Restaurant weht ein frischer Wind! Statt zwischen buntem Ethnokitsch speisen Sie in modernem Ambiente. Serviert wird eine leichte, zeitgenössische Küche, die für jeden Geschmack das Richtige bietet. Besonders die Currys sind empfehlenswert. Auch im ruhigen Gastgarten sitzt es sich sehr nett.

➔ NAM NAM

6. Bezirk | www.nam-nam.at | Di–So 11–14.30, 18–23 Uhr | Webgasse 3 | Tel. 01 5 95 61 27

Schwein gehabt

... wer in der Wildsau essen darf

BELOHNUNG AM GIPFEL

Wer den steilen Weg zur Buschenschank Hirt, die eingebettet zwischen Weinbergen am Kahlenberg liegt, nach oben gekeucht ist (15 Min.), hat sich etwas verdient und wird belohnt mit einem traumhaften Blick auf Wien und die Donau von einer der beiden Terrassen und deftiger Hausmannskost wie Selchfleisch, Gemüsestrudel oder Schinkenfleckerl. Und im Gastraum herrscht Skihüttenatmosphäre.

➔ HEURIGER HIRT

19. Bezirk | www.heuriger-hirt.at | April–Okt. Mi–Fr ab 15, Sa/So ab 12, Nov.– März Fr–So ab 12 Uhr | Eiserne Handgasse, Parz. 165 | Tel. 01 3 18 96 41

AUF DEM PFAD DER WILDSAU

Hier können Sie sich ein wenig wie ein Jäger fühlen – ohne ein Gewehr in die Hand nehmen zu müssen. Hoch über Wien, auf einer Wiese mit sagenhaftem Ausblick über die Stadt, steht die Wildsau – ein urig-rustikaler Heuriger in einem Holzschuppen. Und auf der Speisekarte steht natürlich nicht nur Wildschwein. Egal, wofür Sie sich entscheiden: Das Essen ist so gut, dass man kaum genug davon bekommen kann.

➔ WILDSAU

13. Bezirk | www.wildsau.at | März–Okt. Mo–Fr 17–23, Sa/So/Fei 12–23 Uhr | Slatingasse 22 | Tel. 0664 4 41 60 15

DER ETWAS ANDERE INDER

Vorurteil Nummer eins: Indische Restaurants schauen immer gleich aus. Vorurteil Nummer zwei: Das Essen ist gut, aber wenig abwechslungsreich. Im Shalimar wird all das widerlegt. Bestellen Sie eine der üppigen Platten (z. B. »Shalimar« mit Rind, Lamm, Huhn, Auberginen, indischem Frischkäse, Blumenkohl, Reis, Brot, Salat und diversen Saucen für 18 Euro) oder Brutzelndes frisch aus dem Tandoor-Ofen. Insgesamt eine eher fleischlastige Karte, aber auch Vegetarier gehen nicht hungrig nach Hause. Der Garten im Hof bietet im Sommer schattige Plätze.

➔ SHALIMAR

6. Bezirk | www.shalimar-restaurant.at | tgl. 11.30–14.30, 18–23.30 Uhr | Schmalzhofgasse 11 | Tel. 01 5 96 43 17

UNTER KASTANIEN

Schotter, Kastanienbäume, Holzmöbel. Der Silberwirt hat, was man in Wien sonst nur selten findet: einen richtigen Biergarten. Wegen seiner Lage mitten im Schlossquadrat bekommt man vom Stadttrubel kaum etwas mit. Die Karte bietet Regional-Wienerisches wie Schnitzel oder Zwiebelrostbraten, aber auch einige vegetarische Gerichte.

➔ SILBERWIRT

5. Bezirk | www.silberwirt.at | tgl. 12–24 Uhr | Schloßgasse 21 | Tel. 01 5 44 49 07

SOS, Regensonntag!

WENN SCHON NASS, DANN RICHTIG

Lust auf Piranhafütterung? Oder einmal einem Hammerhai gefahrlos auf den Zahn fühlen? Gerade wenn es draußen schüttet, ist ein Besuch im Haus des Meeres immer eine Idee. Sie bleiben unter all den Wassermassen garantiert trocken. Und dann können Sie sich noch immer im 11. Stock ins Café setzen und die verregnete Stadt von oben bewundern.

➔ HAUS DES MEERES

6. Bezirk | www.haus-des-meeres.at | tgl. 8–18, Do bis 21 Uhr | Fritz-Grünbaum-Platz 1 | Tel. 01 5 87 14 17

IN DEN TROPEN TROPFEN TROTZEN?

Sie sind in den Tropen, und der Regen trommelt auf die Baumkronen, während sie geschützt durch das grüne Dickicht spazieren. Dazu müssen Sie keinen Langstreckenflug buchen, das Palmenhaus Schönbrunn tut es auch. Wenn Ihnen das Dschungelfeeling zu viel wird, gehen Sie einfach ein paar Schritte weiter. Neben dem tropischen Palmenhaus gibt es einen Pavillon mit gemäßigtem Klima und ein kühles Nordhaus.

➔ PALMENHAUS SCHÖNBRUNN

13. Bezirk | www.schoenbrunn.at | tgl. 9.30–17 Uhr | Schlosspark Schönbrunn | Tel. 01 8 77 50 87

GRUFTIES KENNEN KEIN SCHLECHTWETTER

Für Touristen gehört ein Abstecher zu den Gebeinen der Habsburger zum Pflichtprogramm. Aber kaum ein Einheimischer findet den Weg in die tiefen Kellergewölbe, wo die Knochen von Maria Theresia, Franz Joseph I. und Sisi liegen. Hey, das ist auch Ihre Geschichte! Also nichts wie hin – damit Sie sich das nächste Mal nicht mehr bis auf die Knochen blamieren, wenn Sie ausländischen Freunden eine kleine Geschichtsstunde geben sollen.

➔ KAISERGRUFT

1. Bezirk | www.kaisergruft.at | Fr–Mi 10–18, Do 9–18 Uhr | Tegetthoffstr. 2 | Tel. 01 5 12 68 53-88

MÄRKTCHEN IM TROCKENEN

Sie denken bei Märkten immer noch an den Naschmarkt? Oder den Brunnenmarkt? Für einen Regensonntag fallen beide aus. Erstens, weil Sonntag, und zweitens, weil Regen. Wenn Sie aber bei ungutem Wetter flanieren möchten, sollten Sie einen Abstecher in die Marktwirtschaft machen. Dieses noch blutjunge Märktchen mit Schwerpunkt auf regionale Produkte ist auch am Sonntag geöffnet und INSIDER TIPP zur Gänze überdacht.

➔ MARKTWIRTSCHAFT

7. Bezirk | www.marktwirtschaft.at | Mi–Sa 9–24, So 9–18 Uhr | Siebensterngasse 21 | Tel. 0677 61 88 21 09

RAUS DIE SAU

Es regnet draußen? Jetzt haben Sie sich nicht so. Schnappen Sie sich halt einen Schirm oder eine Regenjacke und fahren Sie in den Lainzer Tiergarten. Dort sind Sie bei diesem Wetter völlig allein. Sie wollen im Regen singen? Bitte sehr: Hier hört Sie niemand. Ein gutes Ziel wäre der Hohennauer Teich. Mit etwas Glück laufen Ihnen dabei ein paar Wildschweine über den Weg, die sich hingebungsvoll in den Pfützen suhlen. Nehmen Sie sich an ihnen ein Beispiel: Lassen Sie einmal die Sau raus! Es muss ja niemand erfahren.

➔ LAINZER TIERGARTEN

13. Bezirk | www.lainzer-tiergarten.at | Öffnungszeiten laut Website | Eingang Lainzer Tor in der Hermesf

TORTEN-SCHLACHT

Am Sonntag gehört die Cremetorte mir

DER ROSAROTE KLASSIKER

Wer »Aida« hört, denkt an die Oper oder an eine Konditorei-Kette, die bevorzugt von reiferen Damen aufgesucht wird. Die rosarote Einrichtung ist in der Tat gewöhnungsbedürftig. Und dennoch lohnt sich ein Besuch auch für jüngere Semester. Zumindest ab und zu, wenn die Lust auf eine gediegene Süßspeise kommt. Aida ist der Klassiker unter den Konditoreien – und die Torten ein Traum. Etwa im Stammhaus in der Wollzeile.

➔ AIDA

1. Bezirk | aida-cafe.at | Mo–Fr 7.30–19, Sa 9–19, So/Fei 8–19 Uhr | Wollzeile 28 | Tel. 01 89 08 98 82 05

Hochstaplerin am Werk im Demel

EXPERIMENTALKUCHEN

Die Patisserie hat in Wien jahrhundertelange Tradition. Und entsprechend zurückhaltend sind die Zuckerbäcker bei Experimenten. Doch es gibt Ausnahmen. Eine davon ist das Fett und Zucker in der Hollandstraße. Die INSIDER TIPP köstlichen Süßwaren (Bananenbrot!) lassen auch – aber nicht nur! – vegane Herzen höher schlagen. Die schräge Einrichtung ist erfrischend anders.

➔ FETT UND ZUCKER

2. Bezirk | www.fettundzucker.at | Mo–Fr 13–21, Sa/So 11–21 Uhr | Hollandstr. 16 | Tel. 0699 11 66 00 92

DER GLANZ DER MONARCHIE

Vor mehr als 120 Jahren wurde ein gewisser Ludwig Heiner zum kaiserlich-königlichen Hofzuckerbäcker ernannt. Die Monarchie ist schon lange Geschichte, aber seine Nachfahren tragen das alte Wappen weiter. In der Konditorei im Ersten lebt der Glanz vergangener Zeiten fort. Begeben Sie sich auf eine Zeitreise!

➔ K.U.K HOFZUCKERBÄCKER L. HEINER

1. Bezirk | Mo–Sa 8.30–19.30, So 10–19.30 Uhr | www.heiner.co.at | Kärntner Str. 21–23 | Tel. 01 5 12 68 63

WALNUSS, SCHOKO, VEILCHEN. NOCH FRAGEN?

Das 1786 gegründete Traditionshaus Demel bietet die besten Taschen, Schnitten, Rouladen, Rollen, Röllchen und Kuppeln, die Sie je gegessen haben. Und die werden nach alten Rezepten zubereitet, die schon Sisi verzückt haben. Das angeschlossene Kaffeehaus ist seit jeher Treffpunkt der Aristokratie und des Bürgertums. Und mit einer Demeltorte – innen mit Walnuss-Schokoladenmasse, außen mit Veilchen bestreut – lässt sich der Tag versüßen.

➔ DEMEL

1. Bezirk | www.demel.at | tgl. 9–19 Uhr | Kohlmarkt 14 | Tel. 01 53 51 71 70

MEHR ALS NUR KONDITOREI

Natürlich kann man im Café Dommayer unweit von Schönbrunn auch einfach nur Kaffee trinken und Zeitung lesen. Das traditionsreiche Kaffeehaus gehört zu den eleganteren Adressen in Wien, und es bleibt selten beim Kaffee. Hier werden selbst die größten Patisserie-Muffel schwach: Für die riesige Auswahl an Kuchen und Torten zeichnet die Kurkonditorei Oberlaa verantwortlich.

➔ OBERLAA-DOMMAYER

13. Bezirk | www.oberlaa-wien.at | tgl. 7.30–20.30 Uhr | Dommayergasse 1 | Tel. 01 8 77 54 65 20

BUCHTELN WIE DAMALS

Ob wirklich – wie von Georg Danzer besungen – vor mehr als 40 Jahren ein Nackerter zum Gaudium des Publikums durch das Hawelka flitzte – ist nicht mit Sicherheit belegt. Damals galt das Kaffeehaus in der Wiener Innenstadt als Refugium für Künstler. Heute gehört es zu den bekanntesten Cafés der Stadt, mit entsprechend hoher Touristendichte. Die INSIDER TIPP hausgemachten Buchteln mit Vanillesauce sind eine Wucht.

➔ CAFÉ HAWELKA

1. Bezirk | www.hawelka.at | Mo–Do 8–24, Fr/Sa 8–1, So/Fei 10–24 Uhr | Dorotheergasse 6 | Tel. 01 5 12 82 30

TATORT? ESSEN?

Sonntagabend. Die Ermittlungen ergeben: Sie wollen noch mal raus!

EIN BIER, WER DEN MÖRDER WEISS

Das Hawidere gehört mit seiner stylischen Sitzgelegenheiten (einige davon sind alte Fässer) zu den Juwelen unter den Lokalen im Fünfzehnten. Ein Wohnzimmer mit außergewöhnlich guten Burgern und herrlichem Hausbier. Und wenn Sie trotzdem wissen wollen, wie der aktuelle »Tatort« läuft, können Sie ja ins Extrastüberl übersiedeln. INSIDER TIPP Wer den Mörder weiß, gewinnt ein Bier!

HAWIDERE

15. Bezirk | www.hawidere.at | tgl. 16–2 Uhr | Ullmannstr. 31 | Tel. 0664 1 50 84 29

AUF DIE SCHNELLE INS GRÜNE

Einmal abgebogen aus dem Trubel der Stadt, und schon wähnt man sich für einen Sonntagabend lang weitab im Grünen. Diese Weinstube ist klein, bietet gute Hausmannskost und feine Weine. Der Garten im Innenhof ist efeuumrankt und im Sommer herrlich schattig! Reservieren nicht vergessen!

WEINSTUBE JOSEFSTADT

8. Bezirk | www.facebook.com/weinstubejosefstadt | April–Mitte Dez. tgl. 16–24 Uhr, Gastgarten bis 22 Uhr | Piaristengasse 27 | Tel. 01 4 06 46 28

PUB MIT WIENER SCHMÄH

Wiener Vorstadtbeisl und Irish Pub? Ja, das geht zusammen, wie der Schwarze Rabe beweist. Freitags findet hier ein Pubquiz statt, dann ist die Bude rappelvoll. Aber am Sonntagabend können Sie in Ruhe eine Kleinigkeit essen und dazu ein Krügerl vom Hausbier genießen.

SCHWARZER RABE

16. Bezirk | www.rabenbraeu.at | Mo–Fr 17–1, Sa/So/Fei 18–1 Uhr | Ottakringer Str. 180 | Tel. 01 4 86 11 77

ZUM SPIELEN UND TRÄUMEN

Ein kleines Porträt von Franz Kafka im Barbereich weist auf den berühmten Namensgeber hin. Und auch das Publikum hat eine Literatur-Affinität: Ein Sonntagabend alleine mit einem guten Buch lässt sich im Café Kafka gut verbringen. Aber auch Gruppen kommen auf ihre Rechnung: INSIDER TIPP Die Spielekiste ist gut gefüllt. Es gibt Schlimmeres, als das Wochenende mit »Risiko« oder »Monopoly« ausklingen zu lassen und dazu eine Kleinigkeit zu essen. Besonders empfehlenswert für Vegetarier!

➔ CAFÉ KAFKA

6. Bezirk | Mo–Sa 8–24, So 8–23 Uhr | Capistrangasse 8 | Tel. 01 5 86 13 17

SO FEIN KANN NORMAL SEIN

Einfach bloß den Sonntag mit einem guten Essen ausklingen lassen – ohne Stress, irgendeinen Klimbim im Lokal, ohne laute Musik, aufdringliche Kellner oder Speisen auf der Karte, von denen Sie nicht wissen, was Sie damit anfangen sollen? Im Eduard schmeckt es super, die Preise sind absolut okay, und Sie werden in Ruhe gelassen. Der Schweinsbraten ist ein Genuss, das Bier mit Liebe gezapft und die Einrichtung ebenso traditionell wie stylish.

➔ DAS EDUARD

15. Bezirk | www.das-eduard.jimdo.com | Mo 16–24, Di–Fr 7.30–24, Sa/So/Fei 9.30–24 | Tel. 01 8 92 29 78

Geht das?
Und wie: Der Schwarze Rabe ist Pub und Beisl in einem

FEIN UND DEFTIG

Sie wollen sich am Sonntagabend noch etwas richtig Feines gönnen? Und deftig darf es auch sein? Dann sollten Sie das Flatschers in Erwägung ziehen. Ganz billig ist es nicht, geschenkt. Aber ein Steak wie hier bekommen Sie sonst nirgends in der Stadt. Die ausgefallene Steakhouse-Atmospähre stimmt heiter und hilft schnell gegen eine mögliche Endwochenend-Melancholie.

➔ FLATSCHERS

€€€ | 7. Bezirk | www.flatschers.at | tgl. 17–1 Uhr | Kaiserstr. 113–115 | Tel. 01 5 23 42 68

KUNST, KULTUR, KOST

Mögen Sie Kunst und Kultur? Und gutes Essen? Und haben Sie manchmal Lust, beides zu verbinden statt an einem Sonntagabend vor der Glotze zu hängen? Eine Möglichkeit wäre ein Ausflug ins MAK (Museum für Angewandte Kunst) in Verbindung mit einem richtig guten Essen im gefährlich gemütlichen Museumsrestaurant. Die Speisekarte ist ähnlich unberechenbar wie die ausgestellte Kunst: vom Eierspeisbrot bis zum Wolfsbarsch.

➔ SALONPLAFOND IM MAK

1. Bezirk | salonplafond.wien/de | tgl. 10–24 Uhr | Stubenring 5 | Tel. 01 2 26 00 46

KEIN BLUT? DANN BITTE WEITER

Sie fliehen vor dem »Tatort«, weil Sie kein Blut sehen können? Dann ist die Pizzeria Kitch vielleicht nicht der richtige Ort für Sie. Denn das eleganten und stylishe Lokal wurde von der Arbeit des Performancekünstlers Hermann Nitsch inspiriert. Wenn Sie sich aber an einem Sonntagabend ein richtig gutes Essen gönnen möchten, landen Sie hier einen Volltreffer.

➔ KITCH PIZZA

1. Bezirk | www.kitch.at | Mo–Sa 11.30–23.30, So 14–22.30 Uhr | Biberstr. 8 | Tel. 01 5 12 05 51 11

ADIEU, WOCHENENDE

Traurig, weil das Wochenende bald Geschichte ist? Ach was, zelebrieren Sie die letzten Stunden. Vor allem in der warmen Jahreszeit empfiehlt sich dazu ein entspanntes Essen im Summerstage direkt am Wasser. Zum Beispiel im Shebeen, mit einem saftigen Steak und einem Guinness. Neben Ihnen zieht das Wasser im Donaukanal vorbei und erinnert daran, dass alles vergänglich ist. Aber keine Sorge: Das nächste Wochenende kommt bestimmt.

➔ SHEBEEN

9. Bezirk | www.shebeen.at | tgl. 17–1 Uhr | Roßauer Lände 17 | Tel. 01 3 19 66 44 10

Steak mit Stil

und Pipapo bei Flatschers

Landflucht. Jetzt!

Tschüss, Beton, hallo, Frischluftkur!

BIBER, BOOT, BIBERBURG

Schon mal Biber beobachtet, die sich an einem Baumstamm zu schaffen machen und damit richtige Burgen bauen? Biberexpertin Barbara Mertin sitzt mit im Boot und INSIDER TIPP klärt Sie über den Biberknigge auf. Während Sie durch die Donauauen paddeln, geht über Ihnen die Sonne unter. Und danach vielleicht noch eine schaurig-schöne Nachtwanderung durch die Au?

➔ NATIONALPARK DONAUAUEN

Orth | www.donauauen.at | Schloss Orth Nationalparkzentrum: April–Sept. tgl. 9–18, Okt. bis 17 Uhr | Tel. 02212 35 55

2000 JAHRE 1 STUNDE

Eine gute Bahnstunde von Wien liegt Carnuntum, eine der ältesten römischen Siedlungen des Landes. Nehmen Sie ein Fahrrad mit und erkunden die Gegend, wo vor 2000 Jahren über 6000 Legionäre lebten. Mit den gut erhaltenen Resten des Militärlagers samt Amphitheater träumen Sie sich in die damalige Zeit. Salve!

➔ **RÖMERSTADT CARNUNTUM**

Niederösterreich | www.carnuntum.at | März–Nov. tgl. 9–17 Uhr | Petronell Carnuntum | Tel. 02163 3 37 70

BLOSS DAS FLOSS

Picknick auf dem Wasser? Das geht mit der Gourmetfahrt der Crêperie auf der Alten Donau. Die Tour beginnt an der Promenadenbar mit einem Begrüßungsimbiss. Dann beladen Sie Ihr Floß: Tischgriller, Fisch (müssen Sie nicht selber fangen) und Drinks. Sie legen ab, werfen den Fisch auf den Grill, knacken ein Bier. Nur die Ruhe! Wenn Sie nach rund dreieinhalb Stunden wieder an Land sind und der Boden unter Ihren Füßen wankt, war es das Floß – keinesfalls die Drinks ...

➔ **GOURMETFAHRT MIT LA CREPERIE**

21. Bezirk | www.lacreperie.at | tgl. 10–24 Uhr, Floßfahrt 18 Uhr | An der Oberen Alten Donau 6 | 60 Euro/Pers. | Tel. 01 2 71 60 45

ÜBER VERGANGENES SINNEN

Peter Handke liebt diesen Ort. Ethan Hawke und Julie Delpy liebten sich hier in »Before Sunrise«. Auf dem Friedhof der Namenlosen liegen Hunderte Unbekannte begraben, die von der Donau angeschwemmt wurden. Er ist mit dem Rad gut erreichbar, entlang der Donau zum Alberner Hafen, vorbei an bauchigen Getreidespeichern. Angekommen, können Sie eine Weile innehalten – oder in das Gasthaus daneben übersiedeln.

➔ **FRIEDHOF DER NAMENLOSEN**

11. Bezirk | www.friedhof-der-namenlosen.at | Nov.–Febr. tgl. 7–17, März/Okt. bis 18, April/Sept. bis 19, Mai–Aug. bis 20 Uhr | Führungen: Josef Fuchs, Tel. 0660 6 00 30 23

FRISCH AUSSTEIGEN

Wenn Sie ab und zu mit dem Zug nach Graz oder Klagenfurt fahren, werden Sie den wunderschönen Bahnhof am Semmering schon kennen. Hatten Sie nie das Bedürfnis, einfach auszusteigen? Na dann. Schnellzüge halten hier nicht, mit den Bummellinien der ÖBB sind Sie aber in anderthalb Stunden dort. Machen Sie eine Wanderung zum Sonnwendstein mit Blick bis zum Neusiedlersee oder marschieren Sie einfach drauflos und machen irgendwo ein gemütliches Picknick im Wald.

➔ **BAHNHOF SEMMERING**

Niederösterreich | www.semmering.at | Abfahrt mit der ÖBB, Wien Hauptbahnhof (ca. 1,5 Std.) | für genaue Wanderrouten siehe Website

Jetzt in 3D:
Die Mäuse
von Panem

UNTERWEGS MIT …

… HASI

Tisch für zwei, Kerzenschein inklusive

NUR DER FLUSS IST ZEUGE

Zu zweit am Fischerstrand, unten fließt die Alte Donau, oben leuchten Girlanden und langsam geht der Mond auf. Die Alte Kaisermühle eignet sich hervorragend für einen vertrauten Abend. Das kulinarische Angebot klingt etwas wild: österreichisch-spanisch-italienisch. Dahinter verbergen sich Spezialitäten wie Martini-Gans, Tapas sowie ausgezeichneter Fisch und Meeresfrüchte vom Holzkohlegrill.

➔ ZUR ALTEN KAISERMÜHLE

22. Bezirk | **www.kaisermuehle.at | Mitte März–Mitte Sept. tgl. 11.30–23, Mitte Sept.– Dez. Do–So 11.30–23 Uhr | Alte Donau, Fischerstrand | Tel. 01 2 63 35 29**

SEHR SCHÖN UND SCHÖN TEUER

Das Café mit Garten und Blick über das Villenviertel ist ein heißer Tipp für verliebte Pärchen. Ein Hauch von Jahrhundertwende weht durch die gut erhaltene Anlage unter den herrlich grünen Bäumen. Im Salettl lässt es sich über das Leben zu zweit philosophieren. Das hat seinen Preis: Die Hausmannskost ist okay, aber dafür ziemlich kostspielig. Aber Hand aufs Herz: Achten Sie auf jeden Euro, wenn Sie verliebt sind?

➔ SALETTL PAVILLON

€€€ | 19. Bezirk | **tgl. 6.30–1.30 Uhr | Hartäckerstr. 80 | Tel. 01 4 79 22 22**

PARLEZ-VOUS FRANÇAIS?

Sie müssen natürlich nicht französisch parlieren können, wenn Sie mit Ihrem Darling in das Café der Provinz gehen. Aber ein paar Brocken schaden nicht – der Atmosphäre wegen. Das kleine Bistrot liegt im Herzen des Achten, gleich vis-à-vis der Piaristenkirche. Die kann man im Sommer vom Gastgarten aus bewundern. Der Kaffee ist ein Traum, dazu werden wahlweise süße Crêpes oder Waffeln serviert. Aber auch für ein romantisches Mittagessen oder einen ausgedehnten Brunch sind Sie hier goldrichtig.

➔ CAFÉ DER PROVINZ

8. Bezirk | **www.cafederprovinz.at | Mo–Fr 8–23, Sa/So 9–15 Uhr | Maria-Treu-Gasse 3 | Tel. 01 9 44 22 72**

PICKNICK BEIM KIERLINGER

Draußen ist es warm, und Sie möchten mit ihrem Augenstern im Grünen picknicken? Bei dem urigen Heurigen können Sie um 31 Euro einen **INSIDER TIPP** Picknickkorb voller hausgemachter Köstlichkeiten ordern – inklusive Wasser und einer Flasche Nussecco. Dann steht einer Wanderung mit Einkehr an einem romantischen Platz Ihrer Wahl nichts mehr im Wege. Wichtig: Den Picknickkorb sollten Sie ein bis zwei Tage im Voraus bestellen.

➔ KIERLINGER

19. Bezirk | **www.kierlinger.at | Aussteckkalender siehe Website | Kahlenbergstr. 20 | Tel. 01 3 70 22 64**

Auf die Liebe
anstoßen im Le Troquet

EINE LEIDENSCHAFT, DIE PIZZA SCHAFFT

Hasi will es gerne so ausgefallen und verrückt wie möglich? Nicht verzweifeln. Steuern Sie die Disco Volante an. Diese Pizzeria ist so unvernünftig wie junge Liebe! Und das liegt nicht nur am Holzofen in Form einer riesigen Diskokugel. Für ein romantisches Tête-à-tête eignet sich dieses Lokal allerdings überhaupt nicht. Die Hungrigen stehen oft Schlange bis zur Straße. Dafür gibt es eine unfassbar gute Pizza mit hauchdünnem Boden und extravaganten Belägen – und einen hohen Coolness-Faktor.

➔ DISCO VOLANTE

6. Bezirk | www.disco-volante.at | Di–Sa 12–24 (Pizza Di–Fr 12–15, 8–23, Sa 12–23), So 12–22 Uhr | Gumpendorfer Str. 98 | Tel. 0664 1 95 25 45

FÜR DEN FALL DER FÄLLE

Sie, männlich, wissen nicht, wohin die Liebste ausführen? Le Troquet ist leicht zu finden, das Publikum bunt gemischt, man bekommt meist auch dann einen Platz, wenn man vergessen hat zu reservieren. Und das Piano hilft, wenn das Gespräch ins Stocken gerät. Spezialität des Hauses sind Croques. Im Sommer können Sie draußen sitzen. Der Abend ist gerettet!

➔ LE TROQUET

7. Bezirk | www.letroquet.at | Mo–Sa 11–2.30, So 17–1, Fei 17–2.30 Uhr | Kirchengasse 18 | Tel. 01 5 22 06 81

Ganz. Schön. Hässlich.

DER MÖRTEL STEHT DAZU

Nein, dem Einkaufszentrum des schrägsten Baumeisters Österreichs kann man beim besten Willen keine schönen Seiten abgewinnen. Die Lugner City ist eine ästhetische Beleidigung. Punkt. Und dennoch übt Mörtels Shoppingmall eine seltsame Faszination aus: Dem Erbauer war nichts peinlich, und das verdient Anerkennung.

➔ LUGNER CITY

15. Bezirk | www.lugner.at | Gablenzgasse 3

Nicht schön, aber hat was

NICHT NUR DAS ERINNERN IST HÄSSLICH

Die sechs Wiener Flaktürme wurden im Zweiten Weltkrieg für Fliegerabwehrgeschütze gebaut. Heute stehen die Betonklötze unverändert. Manchmal werden im Inneren Filme gedreht – weil es dort so gruselig ist. Auf den zweiten Blick muss man den Türmen aber durchaus einen gewissen ästhetischen Reiz zugestehen. Am interessantesten ist jener im beschaulichen Augarten, der von vielen Grafitti verziert ist. Ein lohnendes Motiv für Hobbyfotografen!

➔ **FLAKTURM IM AUGARTEN**

2. Bezirk | Augarten

BÖSE UND UNHEILVOLL

nennt der britische Künstler Eugene Quinn die Architektur des Ministeriums für Gesundheit und Frauen. Auf seiner Liste der hässlichsten Gebäude Wiens belegt es einen Sonderplatz. Und doch wieder nicht. Die Trutzburg mit den roten Säulen ist so hässlich, dass sie schon wieder originell ist. Überzeugen Sie sich selbst!

➔ **BUNDESMINISTERIUM FÜR GESUNDHEIT UND FRAUEN**

3. Bezirk | www.bmgf.at | Radetzkystr. 2

OHNE DIESEN KASTEN WÄRE WIEN ÄRMER

Der Kasten aus Beton und trübem Glas ist eine Zumutung für das Auge. Auf der einen Seite rattert dauernd die U4 vorbei, auf der anderen fließt die dreckige Plörre des Donaukanals. Und doch wäre Wien ohne das Flex viel ärmer. Der abgefuckte Musikclub ist eine kulturelle Institution – nicht nur für Nachteulen und Musikliebhaber.

➔ **FLEX**

1. Bezirk | www.flex.at | Do–Sa 23–6 Uhr | Augartenbrücke 1 | Tel. 01 5 33 75 25

IM BAUCH DES UNGETÜMS

Nicht nur war das Allgemeine Krankenhaus – dank eines Korruptionsskandals – viel zu teuer. Der vor 35 Jahren errichtete Komplex mit den beiden rostbraunen Aufbauten ist auch von atemberaubender Hässlichkeit. Wenn Sie dem Ungetüm aber (hoffentlich freiwillig) einen Besuch abstatten und sich in den labyrinthartigen Gängen im Bauch des Megaspitals treiben lassen: Faszinierend ist es schon …

➔ **ALLGEMEINES KRANKENHAUS DER STADT WIEN**

9. Bezirk | www.akhwien.at | rund um die Uhr geöffnet | Währinger Gürtel 18–20 | Tel. 01 40 40 00

... CARO, BABSI, ANDI & CO

Fünf Freunde und das Geheimnis der Riesenpizza

Cool Spot
für Hot Pot: Mama Liu & Sons

ESSEN WIE GOTT IN JAPAN

Lassen Sie sich nichts anderes einreden: Mochi ist der beste Japaner Wiens. Daher sollten Sie jedes Gericht mindestens durch zwei teilen, um sich durch so viele Gänge wie möglich kosten zu können. Im Winter kann es in dem winzigen Lokal sehr eng und laut werden, im Sommer sitzen Sie dafür herrlich unter alten Bäumen. Bei mehr als drei Personen empfiehlt es sich, drei Wochen im Voraus zu reservieren. Es lohnt sich.

➔ MOCHI

€€€ | 2. Bezirk | www.mochi.at | Mo–Sa 11.30–22 Uhr | Praterstr. 15 | Tel. 01 9 25 13 80

13 STUNDEN

Herinnen fühlt man sich wie in einer alten, englischen Brauerei. 13 Stunden lang brutzelt das Fleisch im Smoker. Das schmeckt man. Dazu gibt's gefühlte hunderttausend Craft-Beer-Sorten. Highlight für die Männerrunde (und taugt auch den meisten Frauen): »Brickmaker's Platter« mit Ribs, Southern Fried Chicken, hausgemachten Würsteln und Beilagen (ab zwei Personen, 19,90 Euro/Pers.).

➔ THE BRICKMAKERS PUB & KITCHEN

€€€ | 7. Bezirk | www.brickmakers.at | Mo–Fr 16–1, Sa 12–1, So 10–1 Uhr | Zieglergasse 42 | Tel. 01 9 97 44 14

COOL, COOLER, CHINESISCH

Das Mama Liu & Sons ist definitiv das coolste chinesische Lokal der Stadt. Warum auch immer: Die extrakühle Einrichtung und die traditionelle Wandmalerei passen zusammen. Entweder man bestellt – wie in China üblich – viele kleine Speisen, die geteilt werden, oder einen Hot Pot – ein chinesisches Suppenfondue. Die Zutaten werden in geselliger Runde direkt am Tisch zubereitet. Zur Auswahl stehen verschiedene Suppen von mild bis scharf und drei Sets: vegan, mit Fleisch oder Meeresfrüchten.

➔ MAMA LIU & SONS

6. Bezirk | www.mamaliuandsons.at | Mo–Fr 17–24, Sa/So 12–24, Küche bis 22.30 Uhr | Gumpendorfer Str. 29 | Tel. 01 5 86 36 73

SCHLEMMERMÄULCHENS WAHL

Lust auf eine Käseschlacht, dass Ihnen Hören und Sagen vergeht? Wenn, dann bei Gubler & Gubler. In dem hellen, freundlichen Schweizer Bistrot gibt es für Sie und Ihre Freunde ein original helvetisches Chäsfondue mit Raclette. Natürlich stilecht mit Kartöffelchen, Perlzwiebelchen und Maiskölbchen. Der Käse kommt vom berühmten Jumi-Käseshop.

➔ GUBLER & GUBLER

8. Bezirk | www.gublergubler.at | Mo 8–20, Di–Fr 8–22, Sa 10–22, So 10–20 Uhr | Strozzigasse 42 | Tel. 01 9 16 60 90

TAPAS. VIELE TAPAS.

Je mehr Freunde mit an Bord sind, desto besser. Dann können Sie die ganze Karte im Paco einmal rauf und einmal runter bestellen. Die Auswahl an Tapas in dem schicken Laden ist schier endlos. Das Highlight ist die Chorizo vom Iberico-Schwein. Und die Auswahl an süffigen spanischen Weinen ist auch nicht von schlechten Eltern.

➔ PACO

9. Bezirk | www.pacorestaurant.at | Di–Sa 11.30–1 Uhr | Nußdorfer Str. 7 | Tel. 01 8 90 37 85

AB IN DEN SONNENUNTERGANG

Schnappen Sie Ihre Freunde, und dann ab zur Alten Donau. Ein Sonnenuntergang in der Ufertaverne ist unbezahlbar. Dazu gibt es Grillplatten mit Fleisch, Fisch und Meeresfrüchten. Die sind bezahlbar, wenn auch nicht ganz billig: ab 38 Euro für zwei Personen. Die Ufertaverne hat nur im Sommer geöffnet. Unbedingt reservieren!

➔ UFERTAVERNE

€€€ | 22. Bezirk | www.ufertaverne.at | April tgl. 12–21, Mai–Aug. 9–2, Sept. 9–21 Uhr | An der Oberen Alten Donau 186 | Tel. 01 2 04 39 53

SÜPERGÜTE KÄSKNÖPFLE

Schon mal was von Käsknöpfle gehört? Das ist eine Spezialität aus dem Ländle, die in einem riesigen Holztopf dampfend auf den Tisch gestellt wird. Bekommen Sie hier im besten Vorarlberger Lokal der Stadt. Freitagabend ist Käsknöpfletag, da gibt es nichts anderes als Hauptspeise. Je mehr Leute Sie mitbringen, desto mehr Knöpfle sind im Topf – definitiv immer viel zu viel und saugut. Mit Blattsalat kommt das Menü auf 12,30 Euro pro Nase. Wichtig: Ünbedingt reservieren!

➔ Ü

2. Bezirk | www.ue-lokal.at | Di–Do 12–14, 17.30–24, Fr/Sa 12–14, 17.30–2 Uhr | Obere Augartenstr. 46 | Tel. 01 9 69 10 13

FAST WIE AN DER ADRIA

In Dalmatien ist das so: Wenn die Fischer abends müde sind, braten sie gemeinsam Fisch, trinken Wein und reden. Die Tavernen, in denen sie zusammenhocken, heißen Konobas. So ein Konoba mit reichlich Fisch gibt es auch in Wien. Für die Goldbrasse in Salzkruste braucht es mindestens zwei Personen, man zahlt pro Deka. Grandios auch die Fischplatte für zwei oder mehr Personen mit Orate oder Branzino-Blattspinat und Petersilienkartoffen. Genug gehört?

➔ KONOBA

8. Bezirk | www.konoba.at | tgl. 17–24 Uhr | Lerchenfelder Str. 66–68 | Tel. 01 9 29 41 11

STAMMTISCH RELOADED

Ein bisschen fühlt man sich als Runde im Gasthaus Automat Welt wie früher – als sich Freunde regelmäßig in einem gemütlichen Beisl zum Stammtisch trafen. Und auch doch wieder nicht. Denn diese Kneipe verbindet Altes und Neues, Einfachheit und Lässigkeit zu einem hippen Ganzen. Die Speisekarte ist ein Sammelsurium raffiniert verfeinerter Klassiker: von Käsekrainern über faschierte Laibchen bis Blunzengröstl. Und das Bier ist fein gezapt!

➔ GASTHAUS AUTOMAT WELT

2. Bezirk | www.automat-welt.at | Mo–Fr 18–21, So 18–24 (Schanigarten und Küche bis 23) Uhr, Aug. Sa geschl. | Am Volkertplatz/Ecke Ruppasse 19 | Tel. 0650 5 44 59 39

Sommer, Donau!

Essen mit Blick in der Ufertaverne

… DEN SCHWIEGER-MONSTERN

Maria, der Schwieger-mutter schmeckt's doch!

Alle sind seelig
im Schwarzen Kameel

ZEIG' MAL!

Sie wollen angeben? Dann führen Sie die Schwiegereltern ins Steirereck aus. Berühmt sind die Käsespezialitäten aus aller Herren Länder. Es gibt auch ein Mittagsmenü. Von der Terrasse aus haben die Schwiegermonster einen schönen Blick auf den Stadtpark. Hach! Wenn es eine Preisklasse darunter auch tut, essen Sie INSIDER TIPP in der dazugehörenden Meierei günstiger.

➔ STEIRERECK

€€€ | 3. Bezirk | **www.steirereck.at** | **Mo–Fr 11.30–14.30 und ab 18.30 Uhr** | **Meierei Mo–Fr 8–23, Sa/So 9–19 Uhr** | **Am Heumarkt 2A (im Stadtpark)** | **Tel. 01 7 13 31 68**

SOLLEN SIE IHREN TAFELSPITZ HABEN!

Machen Sie Ihren Schwiegereltern halt die Freude und gehen Sie mit ihnen zu einem der beiden Tafelspitz-Plachuttas. Dort wird dieses Rindfleischspezialität stilecht in einer Kupferkanne serviert, mit Apfelkren, gekochtem Wurzelgemüse, Lauch und Rösterdäpfeln. So wie früher – als Sie noch gar nicht auf der Welt waren.

➔ PLACHUTTA

€€€ | 1. Bezirk | **www.plachutta.at** | **tgl. 11.30–24 Uhr** | **Wollzeile 38** | **Tel. 01 5 12 15 77**
13. Bezirk | **www.plachutta.at** | **Mo–Fr 11.30–15, 18–23.30, Sa/So/Fei 11.30–23.30 Uhr** | **Auhofstr. 1** | **Tel. 01 87 77 08 70**

FRISCH IST NICHT NUR FISCH

Früher war es tatsächlich ein Fischerhaus. Heute erinnert in dem schicken Lokal nur der riesige alte Holzherd an die Vergangenheit. Es gibt nicht nur Fisch, sondern auch allerhand andere Köstlichkeiten wie Schweinsbraten oder Ente. Alles aus biologischem Anbau und frisch zubereitet.

➔ FISCHERHAUS

€€€ | 19. Bezirk | **www.fischerhaus.co.at** | **Fr 12–24, Sa 11–24, So 10–24 Uhr** | **Rohrerwiese 223** | **Tel. 0664 4 88 81 54**

AUF DIE WIRTIN KOMMT ES AN

Stefanie Herkner gilt als lustigste und liebevollste Wirtin Wiens. Und die Herknerin kommt mit jeder Situation zurecht – auch mit Schwiegereltern. Dazu kredenzt sie traditionelle Köstlichkeiten aus Omas Küche: Griesnockerln, Erdäpfelgulasch oder serbische Krautrouladen. Wenn Ihnen die Schwiegereltern zur Qual werden, wenden Sie sich vertrauensvoll an sie!

➔ ZUR HERKNERIN

4. Bezirk | **www.zurherknerin.at** | **Di–Fr 17–22 Uhr** | **Tel. 0699 15 22 05 22**

MEHR ALS NUR EINE KANTINE

Wohin gehen, wenn es heißt: »bloß keinen Aufwand«? Die Kantine der Nationalbibliothek kennt kaum wer, obwohl man dort INSIDER TIPP für kleines Geld super essen kann. Abgesehen von den Preisen hat im Soho nichts Kantinenstyle: Das Interieur erinnert an ein schickes Bistro, die Gäste sind bunt gemischt. Täglich zwei Menüs (vegetarisch 5,90, mit Fleisch 6,30 Euro), mittwochs ist Schnitzeltag. Da kann wenig schiefgehen!

➔ SOHO IN DER NATIONALBIBLIOTHEK

1. Bezirk | **Mo–Fr 9–16 Uhr** | **Josefsplatz 1** | **Tel. 0676 3 09 51 61**

WO SICH SCHWIEGERPAPA WIE EIN KÖNIG FÜHLT

Hier ist der Gast König – das gilt auch für den Schwiegerpapa. Beim prachtvollen Interieur des 400 Jahre alten Traditionshauses, in dem das Schwarze Kameel einquartiert ist, bleibt ihm garantiert der Atem weg. Im Feinschmeckerrestaurant werden klassische Wiener Speisen ebenso wie internationale auf hohem Niveau zubereitet. Berühmt ist das Kameel allerdings für seine exzellenten belegten Brote.

➔ ZUM SCHWARZEN KAMEEL

€€€ | 1. Bezirk | **www.kameel.at** | **tgl. 8–24 (Küche 12–23) Uhr** | **Bognergasse 5** | **Tel. 01 5 33 81 25 11**

... DEN KLEINEN MONSTERN

> Lara will nicht aus dem Pommes-Paradies abgeholt werden

NACHOS NASCHEN

Auch wenn Mexikanisch nicht ganz oben auf Ihrer Speisehitliste stehen sollte, das Al Chile werden Sie lieben – und Ihre Kinder erst recht. Das Essen ist, ob Nachos oder Enchiladas, lecker und hausgemacht. Montags gibt es nur Veganes. Für die Kids ist ausreichend Platz in der eigenen Spiel-, Mal- und Leseecke, INSIDERTIPP jeden Sonntag gibt es eine eigene Kinderbetreuung mit wechselndem Programm, der Unkostenbeitrag von 5 Euro wird mit den Speisen verrechnet.

➔ **AL CHILE**

6. Bezirk | www.al-chile.info | Mo–Fr 12–22, Sa/So 10–22, Kinderbetreuung So 11–13 Uhr | Gumpendorfer Str. 71 | Tel. 01 9 45 76 98

BASTELN BEI BIENENEIS

Die Hüpfburg ist riesig, das Essen kindergerecht (von der Eisbiene bis zum Kinderschnitzel) und all das mitten im Prater. Regelmäßig finden Kinderevents mit Schminken und Basteln statt. Alles klar? Die Kids werden es Ihnen danken.

➔ **RESTAURANT LUFTBURG**

2. Bezirk | kolarik.at/places/kolariks-luftburg | tgl. 11–23 Uhr | Tel. 01 72 94 99 93 01

GROSSE UND KLEINE JAZZFANS

Keinen Bock auf Kinderlieder? Na, dann sorgen Sie dafür, dass Ihre Kleinen einen ordentlichen Musikgeschmack bekommen und gehen mit Ihnen zum Bamkraxler, ein Jazzlokal für Große und Kleine. Draußen locken ein Spielplatz mit Sandkiste und eine Kletterwand, über Regenwetter hilft eine Kinderbibliothek weg. Am Sonntag ist es überhaupt super: Da gibt es gratis Kinderbetreuung. Mit Jazz.

➔ **BAMKRAXLER**

19. Bezirk | www.bamkraxler.at | Di–Sa 16–24, So 11–24 Uhr | Kahlenberger Str. 17 | Tel. 01 3 18 88 00

Rutscht und flutscht wie geschmiert im Vollbunten Wohnzimmer

KINDERN UND ANDEREN WAS GUTES TUN

Es gibt nichts Gutes, außer man tut es. Und dafür ist man nie zu jung. Im Inigo lernen schon die Kleinsten soziale Verantwortung: In diesem besonders kinderfreundlichen Lokal werden Langzeitarbeitslose beim Wiedereinstieg in die Arbeitswelt unterstützt. Das Personal ist immer gut gelaunt, die Atmosphäre gemütlich, das Essen weitgehend regional und bio.

➔ INIGO

1. Bezirk | Mo–Sa 9.30–24 Uhr | Bäckerstr. 18 | Tel. 01 5 12 74 51

SPIELEN ERLAUBT

Sie suchen eine Location, die gleichermaßen Spielzimmer für die Kleinen und Wohnzimmer für die Großen ist? Voilà! Was wäre mit dem Vollbunten Wohnzimmer, mitten im Fünften? In entspannter Atmosphäre und schick gestalteten Räumlichkeiten können Sie Zeit mit den Kleinsten (bis vier Jahre) verbringen. Eine Spezialität sind die kreativen Geburtstagspartys.

➔ DAS VOLLBUNTE WOHNZIMMER

5. Bezirk | www.wohnzimmer.vollbunt.com | Mo 14–18, Di–Do 10–18 Uhr | Wehrgasse 4 | Tel. 0664 4 88 68 74

MINILOKAL FÜR MINIS

Steuern Sie mit Ihrem Nachwuchs das FreshBaby & Family an, dann können Sie sich die Sorge schenken, ob das Essen wohl kindgerecht sei. Ist es definitiv. Das winzige Bistro im Neunzehnten kocht (fast) ohne Salz und nur mit natürlichen Süßstoffen. Gewöhnen Sie sich daran, dass Sie als Erwachsener hier nur Begleitung sind: In dem Lokal dreht sich alles um die Minis, einige Plätze sind für Kinderwägen reserviert.

➔ FRESHBABY & FAMILY

19. Bezirk | www.freshbaby.at | Di–Fr 9.30–15 Uhr | Billrothstr. 18/8 | Tel. 0699 14 80 06 70

Zu alt dafür? Von wegen!

Will spielen!

GLÜCKLICH ANFANGEN

Vinylplotter und CNC-Fräse – noch nie gehört? Macht nichts. Mit diesen digitalen Produktionsmaschinen können Sie Ihre kreativen Ideen sofort selbst umsetzen. Bloß keine Berührungsängste! Mittwochs gibt es INSIDER TIPP Erstbesucher-Führungen durch die Hightech-Werkstatt.

➔ HAPPY LAB

2. Bezirk | www.happylab.at | Führungen Mi 19 Uhr | Haussteinstr. 4/2 | Tel. 01 30 84 66 60

TRAUMEINSTIEG

Immer noch verspielt und neugierig wie ein junger Hund? Play:Vienna bietet Abenteuerspiele für Erwachsene an – quer durch die Stadt. Sie decken Verschwörungen auf, flüchten vor Zombies, werden zu Geheimagenten. Angebote für Rollstuhlfahrer und richtige Kinder. Eintritt frei!

➔ PLAY:VIENNA

6. Bezirk | **www.playvienna.com | Termine laut Website, April–Okt. manchmal auch im Winter, am 3. Di im Monat | Museumsquartier | Anmeldung: conspiracy@streetgames.at**

MONTEZUMA AUF DER SPUR

Der Atztekenherrscher hoffte, in der Pyramide des viergesichtigen Gottes das ewige Leben zu finden. Es heißt, er habe nach dem Tod seinen Sarkophag verlassen. Dichtung oder Wahrheit? Lösen Sie dieses und andere Rätsel gemeinsam mit Freunden. Aber Vorsicht: Es gibt auch eine andere Gruppe, die dem Geheimnis auf der Spur ist. Sechs Indoor-Abenteuerspiele für Erwachsene. Ideal für Regentage.

➔ TIME BUSTERS

2. Bezirk | **www.time-busters.at | Mo–Fr 16–22, Sa/So/Fei 11–22 Uhr | ab 138 Euro für 6 Pers. | Rembrandtstr. 24 | Tel. 01 3 82 00 03**

TARZAN UND JANE SEIN

Haben Sie als Kind auch davon geträumt, sich mit Lianen durch den Dschungel zu schwingen? Ach, machen wir uns nichts vor: Das Kind in uns wird immer noch ganz hibbelig bei dem Gedanken, wie ein Eichhörnchen hoch über den Wipfeln herumzuturnen. Am Kahlenberg gibt es einen riesigen Waldseilpark, bei dem Sie sich einmal so richtig austoben können.

➔ WALDSEILPARK KAHLENBERG

19. Bezirk | **www.waldseilpark-kahlenberg.at | Fr–So 10–18 Uhr | Josefsdorf 47 | Tel. 01 3 20 04 76**

BROT GIBT'S SPÄTER

Ob Bingo, Monopoly oder eines von hundert anderen Gesellschaftsspielen: Die gemütliche Kneipe im Achten ist die erste Adresse für Verspielte in Wien. Irgendwer findet sich immer, der Lust auf eine Runde Trivial Pursuit hat. Auch werden regelmäßig Gruppenspiele veranstaltet. Und wenn Sie spätnachts der Hunger überkommt: INSIDER TIPP Das Essen ist hier nicht zu verachten.

➔ BROT UND SPIELE

8. Bezirk | **www.brot-spiele.co.at | tgl. 18–2 Uhr | Laudongasse 22 | Tel. 01 4 03 74 97**

... HOLY FAMILY

Vater, Mutter, Kind. Und Kellner.

PARTY IM PARK

Sie haben Hunger, das Wetter ist schön, und die Kinder verlangen nach Auslauf? Ab in die Bunkerei. Mit einem Bunker hat das nämlich gar nichts zu tun – ganz im Gegenteil. Das Lokal mit dem riesigem Gastgarten liegt mitten im Augarten. Das freut Kinder und Erwachsene gleichermaßen: Für die einen gibt es fünf Spielplätze, für die anderen einen schattigen Biergarten mit deftigem Essen. Der hat halt leider nur im Sommer offen.

➔ BUNKEREI

2. Bezirk | www.bunkerei.at | tgl. 16–22 Uhr | Obere Augartenstr. 1a | Tel. 0676 9 72 43 70

IM 8. HIMMEL

Kennen Sie Ihren Lebensbaum? Den können sie im Himmel erfragen, der hoch über Döbling liegt. Dort gibt es einen Erlebnispark mit Lebensbäumen für jedes Geburtsdatum. Wenn Sie dran glauben: fein. Wenn nicht, haben Sie anschließend im Oktogon trotzdem etwas zu reden. Das sonnendurchflutete Restaurant hat die Form eines Achtecks: ziemlich imponierend – auch als kulinarisches Highlight eines kleinen Ausflugs mit der ganzen Familie. Egal, ob für einen Brunch oder ein ausgiebiges Abendessen.

➔ OKTOGON AM HIMMEL

€€€ | 19. Bezirk | www.himmel.at | Mi–Fr 12–22, Sa/So 11–22 Uhr | Himmelstr. 125 | Tel. 01 3 28 89 36

WIRTSHAUS FÜR JEDERMANN

Plachutta muss nicht teuer sein. INSIDER TIPP Das preiswerteste Lokal der Gastronomen-Familie ist zugleich das urigste. Das Grünspan in Ottakring ist ein traditionelles Wiener Wirtshaus mit exzellenter Hausmannskost für Groß und Klein. Und wenn Sie danach noch etwas Ruhe vor den kleinen Monstern haben möchten: Kein Problem, draußen gibt es einen Spielplatz.

➔ GRÜNSPAN

16. Bezirk | www.gruenspan.at | tgl. 9.30–0.30 Uhr | Ottakringer Str. 266 | Tel. 01 4 80 57 30

VILLA MIT WIENBLICK

Ein kleiner Fußmarsch, und Sie sind angekommen – in der Villa mit dem sagenhaften Blick über Wien. Das Essen in der Villa Aurora wird von verträumten Einzelgängern und Familien gleichermaßen geschätzt. Mit dem essenstechnischen Schwerpunkt auf Cordon Bleu (nebst vegetarischer Varianten) können Sie bei der Planung des Ausflugs wenig falsch machen.

➔ VILLA AURORA

€€€ | 16. Bezirk | www.facebook.com/villa.aurora.villa.aurora | tgl. 10–23 Uhr | Wilhelminenstr. 237 | Tel. 01 4 89 33 33

HUNGER NACH SCHAUSPIEL?

Eigentlich geht es im Dschungel Wien um Theater: Das Schauspielhaus im Museumsquartier fordert und fördert junge Talente von 2 bis 25 Jahren. Weil aber auch die Filmstars der Zukunft Hunger haben, gibt es gleich daneben ein extragemütliches Lokal, das auf die Wünsche von Groß und Klein eingeht. Empfehlenswert auch für nicht Nicht-Schauspieler!

➔ DSCHUNGELCAFÉ

7. Bezirk | www.dschungel-cafe.at | Di–Sa 9–21, Sa/Mo 9–19 Uhr | Museumsplatz 1 | Tel. 01 5 22 07 20 50

GEMÜSE FÜR ALLE

Der Familienrat hat sich für Vegetarisch entschieden? Dann am besten in das Restaurant Naturkost St. Josef. Drinnen ist es gemütlich, draußen lockt im Sommer ein lauschiger Schanigarten mit Freiraum für die kleineren Besucher. Das Essen ist abwechslungsreich mit einer großen Auswahl an Mittagsmenüs und Suppen. Hier kommen alle auf ihre Rechnung!

➔ NATURKOST ST. JOSEF

7. Bezirk | www.facebook.com/pages/Naturkost-St-Josef/153927178009822 | Mo–Fr 11–16.30, Sa 11–15.30 Uhr | Zollergasse 26 | Tel. 01 5 26 68 18

Rundum richtig

Schnitzelgute Villa Aurora

... ALLEN. WIRKLICH ALLEN.

Feste muss man feiern, wo Platz für alle ist

(FAST) NOCH EIN GEHEIMTIPP

Vereinzelt verirren sich zwar auch Touristen in diesen extrem urigen Innenstadt-Heurigen. Noch geht der Zwölf Apostelkeller aber als Geheimtipp für größere Runden durch – inklusive feiner Angebote: INSIDER TIPP knuspriges Spanferkel im Ganzen für 10–25 Leute mit Serviettenknödeln, Bratkartoffeln und grünem Salat für 500 Euro.

➔ ZWÖLF APOSTELKELLER

€€€ | 1. Bezirk | **www.zwoelf-apostelkeller.at | tgl. 11–24 Uhr | Sonnenfelsgasse 3 | Tel. 01 5 12 67 77**

ES PFEIFT DIE HAUSMANNSKOST

Sie suchen einen richtig großen Tisch für eine mittelgroße Runde, in einer richtig urigen Location mit richtig gutem Essen? Egal, ob in der Altwiener Gaststube mit dem Kachelofen oder im Sommer im Schanigarten unter Linden: Im Gasthaus Quell zeigt sich die Wiener Gastwirtschaft von ihrer besten Seite. Nicht verzagen, wenn die Bestellung etwas länger dauert: Das Warten auf die Hausmannskost zahlt sich aus. Das Gulasch ist stadtberühmt und wohlfeil.

➔ GASTHAUS QUELL

15. Bezirk | **www.gasthausquell.at | Mo–Fr 11–24 Uhr | Reindorfgasse 19 | Tel. 01 8 93 24 07**

DAS HAUSBIER GIBT DEN AUSSCHLAG

Der Name täuscht: Ganz so billig, wie man denkt, ist das Essen im Bettelstudent nicht. Das klassisch Wienerische Bierlokal bietet aber üppige Hausmannskost mit großen Portionen zu moderaten Preisen – und mit seinen extragroßen Tischen jede Menge Platz für größere Runden. Aber, der Wahrheit sei's geschuldet: Eigentlich geht man wegen des exzellenten Hausbiers hin.

➔ BETTELSTUDENT

1. Bezirk | **www.bettelstudent.at | tgl. 11–2 Uhr | Johannesgasse 12 | Tel. 01 5 13 20 44**

Kennen Sie den?

Gehen zwölf Apostel in den Keller ...

GEMEINSAM SCHREBERN

Die Schrebergartensiedlung Zur Zukunft ist eine grüne Oase mitten im dicht bebauten Fünfzehnten. Ihr Zentrum ist das gleichnamige Schutzhaus mit seinem herrlichen Gastgarten für größere Runden. Hier wird nicht nur deftige Wiener Hausmannskost geboten, sondern auch feine Unterhaltung in Form von Konzerten und Kabaretts. Gemeinsam lacht es sich besser.

➔ SCHUTZHAUS ZUR ZUKUNFT

15. Bezirk | www.schutzhaus-zukunft.at | tgl. 9–24 Uhr | Auf der Schmelz/Guntherstraße | Tel. 01 9 82 01 27

HANS MOSER AM NACHBARTISCH

Lust auf eine Heurigentour mit der ganzen Rasselbande? Eine gute Wahl ist das Schüberl-Auer am Fuße des Kahlenberges. Im alten Winzerhaus fühlt man sich wie aus der Zeit gefallen. Ganz so, als ob Hans Moser gleich vorbei kommen würde. Das Beste ist aber: Es gibt Platz, viel Platz – vor allem im Heurigengarten. Ob Sie nun dort eine richtig große Sause mit 150 Leuten machen wollen oder nur mit den zehn besten Bekannten: Ihre Entscheidung.

➔ SCHÜBERL-AUER

€€€ | 19. Bezirk | www.schuebel-auer.at | Mi–Sa 15.30–24, So 14–23 Uhr | Kahlenberger Str. 22 | Tel. 01 3 70 22 22

IM KELLER FINDEN ALLE PLATZ

Der rustikale Gewölbekeller im Highlander schluckt auch die größte Gruppe. Oben ist das Lokal ein interessantes Zwischending aus Beisl mit heimischer Bio-Küche und tollem Gastgarten unter alten Bäumen. Perfekt auch für größere Veranstaltungen: ob Geburtstagssause oder Firmenfeier.

➔ THE HIGHLANDER

€€€ | 9. Bezirk | www.the-highlander.at | tgl. 11–24 Uhr | Sobieskiplatz 4 | Tel. 01 3 15 27 94

Teller leer,
Lust auf
mehr …

HUNGER? GEGESSEN!

MEGA-KOHLDAMPF

Mein Lieblingsgericht heißt »viel davon«

Wirklich satt

werden alle im Centimeter

ALL-YOU-CAN-EAT-MONTAG

Sie haben einen großen Magen und ein Faible für Hüttengaudi plus Biergarten? In der Leopoldauer Alm gibt's Thementage wie All-you-can-eat-Spareribs am Montag für 15,90 Euro, Schnitzel, Burger oder Backhendl – allesamt XXL. Das absolute Highlight ist die INSIDER TIPP »Mistgabel des Schreckens« um 60 Euro für vier Personen. Stichwort: allerhand Gebackenes.

➔ LEOPOLDAUER ALM

21. Bezirk | **www.leopoldaueralm.at | tgl. 9–24 Uhr | Wagramer Str. 205 | Tel. 01 2 59 83 80**

SCHEIBTRUHENWEISE ESSEN

Nahezu idyllisch gelegen in einer winzigen Seitengasse mit kleinem Gastgarten ist das vielleicht schönste Lokal der Wiener Centimeter-Kette (und eines der vier letzten, die noch existieren). Das legendärste Angebot für Vielesser ist die »Scheibtruhe voll Mist« mit Putenschnitzel, Grillkotelette, Eiernockerl, Bauernnockerl, Centimeterfleckerl, Pommes, Bratwürsten. Vier Personen zahlen insgesamt nur 42 Euro. Als Vorspeise harmoniert die Zweimeterwurst um 9,20 Euro sehr gut. Dazu trinkt man am besten eine 5-Liter-Zapfsäule Bier.

➔ CENTIMETER

8. Bezirk | **www.centimeter.at | tgl. 8.30–24 Uhr | Lenaugasse 11 | Tel. 01 4 70 06 06**

REINHAUEN WIE EIN HOLZHACKER

Ein außergewöhnlich gutes Preis-Leistungs-Verhältnis hat die Restaurantkette Brandauer. Beispiel gefällig? Zwei Stück Holzhackersteak vom Schopf mit Ofen-Erdäpfeln, Grillgemüse und Spiegelei um 13,10 Euro. Beliebtester und modernster Standort ist das große Lokal auf zwei Ebenen in den U-Bahn-Bögen mit freundlicher, schneller Bedienung und sagenhafter Auswahl an Biersorten – Highlight ist das Selbstgebraute. Und der riesige Gastgarten im Sommer.

➔ BRANDAUERS BIERBÖGEN

19. Bezirk | **www.bierig.at | tgl. 10–1 Uhr | Heiligenstädter Str. 31 | Tel. 01 3 67 68 69**

DIE BILLIGSTE PIZZA WIENS

Hier sind nicht nur die Cocktails günstig. Auch das Essen ist fast geschenkt: Im Sly & Arny bezahlen Sie für eine im Holzofen gebackene INSIDER TIPP Pizza Margherita gerade einmal drei Euro, der Elvis-Burger mit Beef, doppelt Speck, Käse und hausgemachten Pommes kommt auf schlappe vier Euro. Und es schmeckt!

➔ SLY & ARNY

9. Bezirk | **www.foodbar.at | So–Do 18–1, Fr/Sa 18–2 Uhr | Lackierergasse 5 | Tel. 01 4 05 04 58**

DER PREIS? ENTSCHEIDEN SIE.

Gut, am Ende entscheidet ohnehin das eigene Gewissen über den Preis. Damit lohnt sich das Pay-as-you-wish-Prinzip bei All-you-can-eat für das Team vom Wiener Deewan. Aber die Idee ist sympathisch, und man wird garantiert satt. Die Auswahl an pakistanischen Currys mit Gemüse, Huhn, Rind und Lamm ist außergewöhnlich. Durch die Nähe zur Hauptuni ist das Publikum ziemlich jung.

➔ DER WIENER DEEWAN

9. Bezirk | **deewan.at | Mo–Sa 11–23 Uhr | Liechtensteinstr. 10 | Tel. 01 9 25 11 85**

PORTIONEN WIE DAMALS

Das Gasthaus Kopp in der Brigittenau ist seit 50 Jahren stadtbekannt für seine gute, günstige Küche. Hier gibt's echte Hausmannskost in üppigen Portionen zu Vorstadtpreisen. Etwa das supersaftige Schnitzel – je nach Hunger als Tellerschnitzel (ein Stück) und normales Schweinswiener (zwei Stücke) – mit Erdäpfelsalat für weit unter 10 Euro.

➔ GASTHAUS KOPP

20. Bezirk | www.gasthaus-kopp.at | So/Mo 6–24, Di 6–16, Mi–Sa 6–1 Uhr | Donaueschingenstr. 28 | Tel. 01 3 30 43 92

SPÄTER BILLIGER

Hausherr Richard Lugner nennt es sein Lieblingslokal. Das Okiru in der Lugner City liefert Sushi und andere asiatische Spezialitäten vom Fließband. Der Preis ist okay, orientiert sich aber an Tages- und Wochenzeit. INSIDER TIPP Nach 22 Uhr kommt das Menü um 9,50 Euro. Das Lokal ist gut besucht, das heißt, das Essen ist frisch.

➔ OKIRU

15. Bezirk | tgl. 11–23 Uhr | Lugner City, Gablenzgasse 1–3 | Tel. 01 9 71 25 44

ASIATISCH. VIEL ASIATISCH

Auch wenn die Asia-Buffets eher auf dem absteigenden Ast sind, ist das Bamboo eines der ältesten und besten. Hier kann man sich einmal durch das Buffet von verschiedenen Vorpeisen wie Suppen, Salate, Sushi bis zum Dessert für 7,50 Euro kosten. Für 2,40 Euro Aufpreis darf man zu Mittag zusätzlich vom Grillbuffet wählen. Die Rohzutaten wie Fleisch, Fisch und Seafood, Gemüse werden dann im Wok oder am Teppanyaki-Grill zubereitet.

➔ BAMBOO

7. Bezirk | www.bamboorestaurant.at | tgl. 11.30–23.30 Uhr | Kaiserstr. 48 | Tel. 01 5 22 30 32

MAKIS, SOWEIT DAS AUGE REICHT

Das Koi im Ersten Bezirk bietet frisches japanisches, thailändisches und chinesisches All you can eat – but à la Carte, das heißt ohne Laufband oder Buffet. Einfach mal die Karte rauf und runter bestellen. Das Essen wird dann an den Tisch gebracht – bis dieser vor Schälchen und Tellern überquillt. Neben klassischen und ausgefallenen Sushi- und Maki-Kreationen gibt's eine große Auswahl an warmen Speisen. Montag- bis Freitagmittag nur 9,90 Euro, am Abend und am Wochenende 15,90 Euro.

➔ KOI

1. Bezirk | www.restaurant-koi.at | Mo–Fr 11.30–22, Sa/So 12.30–22 Uhr | Schwarzenbergstr. 8 | Tel. 01 2 08 08 61

Und davon noch eins ...

Bestellen, solange Platz im Bauch ist, im Koi

BIKINI-FOOD

Schön, schlank und trotzdem satt

KEIN ORT FÜR SUPPENKASPER

Leider ist die Suppenwirtschaft längst kein Geheimtipp für Kalorienbewusste mehr – daher ist der Andrang auch entsprechend groß. Die Speisekarte dreht sich (fast) nur um Suppen in allen Variationen, Sie bekommen aber auch Currys und Salate. Mit etwas Glück ergattern Sie einen der wenigen Plätze, im Sommer kann man draußen sitzen. INSIDER TIPP Ab 17 Uhr kosten alle Speisen nur noch die Hälfte.

SUPPENWIRTSCHAFT

9. Bezirk | www.suppenwirtschaft.at | Mo–Fr 11.30–18 Uhr | Servitengasse 6 | Tel. 01 3 17 67 45

KUNST UND GEMÜSE

So stylish kann gesund sein. Die Hollerei ist ein verspieltes Bistrot mit viel Kunst an den Wänden. Im Sommer lockt der blickdichte Gastgarten. Hier kommen ausschließlich vegetarische und vegane Gerichte aus frischen, saisonalen Lebensmitteln, vorwiegend aus Bio-Anbau auf den Tisch. Die leichten Speisen sind von der Küche Asiens und des Mittelmeerraums inspiriert. Neben Thai-Curry oder Risotto stehen auch vegane Menüs (drei Gänge 25 Euro) auf der Karte.

HOLLEREI

15. Bezirk | Mo–Sa 11.30–15, 18–23, So 11.30–15 Uhr | Hollergasse 9 | Tel. 01 8 92 33 56

HANF. ZUM ESSEN!

Dass Hanf mehr kann als – Sie wissen schon –, ist schon recht bekannt. Aber wussten Sie, dass es Hanfmilch gibt? Die schmeckt nicht nur gut, sie hat auch kaum Kalorien und ist ziemlich gesund. Auf allerhand Nahrungsmittel mit Hanfmilch hat sich die KONOÏ Hemp Milk Bar im Vierten spezialisiert. Probieren Sie mal den Acapulco Wrap und dazu einen Hanf-Smoothie.

KONOÏ – HEMP MILK BAR

4. Bezirk | www.konoimilk.com | Mo–Sa 10–18.30 Uhr | Wiedner Hauptstr. 34

BOXENSTOP FÜR ÖKOS

Das Prinzip funktioniert so: Boxgröße auswählen und an der üppigen Salatbar befüllen. Die überraschenden Kreationen (alle vegetarisch, die meisten sogar vegan) wechseln wöchentlich und reichen von geschmorten roten Rüben mit Walnüssen über Brotsalat bis zu Babyspinat mit Erdbeeren und Ziegenkäse. Wer etwas Warmes möchte, findet auch ein Angebot an Suppen und Currys. Das Konzept ist auf Take-away ausgelegt, es gibt aber auch einige Sitzplätze.

➔ **SALADBOX**

1. Bezirk | www.saladbox.at | Mo–Fr 11–15 | Färbergasse 10 | Tel. 01 5 33 78 25

PAPAYA STATT FISCH

Sushi ohne Fisch? Ja, das geht – zumindest im Pirata. Gefüllt sind Maki und Co. statt mit Lachs oder Thunfisch mit exotischen Mischungen aus Papaya, Nashi-Birne oder Ananas-Rucola. Es gibt eine kleine Sitzecke, grundsätzlich ist der Laden aber auf Take-away und Lieferservice ausgerichtet.

➔ **PIRATA**

7. Bezirk | www.pirata-sushi.com | Mo–Sa 11–15, 18–21 Uhr | Neubaugasse 80 | Tel. 01 5 22 65 84

FAST FOOD MINUS FAT

Darüber, ob kalorienarmes Essen allein schlank macht, lässt sich diskutieren. Wenn Sie aber trotz Hunger die Couch nicht verlassen möchten, können Sie sich eine garantiert nicht dick machende Stärkung nach Hause bestellen. Health Kitchen heißt der Zustelldienst für schnelles Low-Carb-Essen. Wenn schon Fast Food, dann (fast) ohne Fett: etwa Mexican Taco-Salat mit gegrilltem Huhn, Eisbergsalat, Tomaten und kalorienarmem Käse um 7,40 Euro.

➔ **HEALTH KITCHEN**

7. Bezirk | www.myhealthkitchen.com | Zustellung Mo–Sa 9–22, So/Fei 9–18 Uhr | Zollergasse 14 | Tel. 0664 1 78 55 02

Kill die Kilos!

Kaumuskel trainiert? Nun folgt der Rest!

KILOS PURZELN

Sagen Sie bloß nicht Zirkeltraining dazu! Mit den faden Gymnastikübungen lässt sich Crossfit nur bedingt vergleichen. Kaum zu glauben, wie viel Spaß es machen kann, mit dem richtigen Trainer Klimmzüge zu machen oder Medizinbälle zu werfen. Im Crossfit Center purzeln die Kilos. Kleine Entscheidungshilfe: Die erste Probestunde ist gratis.

➔ CROSSFIT VIENNA

8. Bezirk | www.crossfitvienna.at | Mo–Fr 7–21, Sa 10–16, So 10–19 Uhr | ab 99 Euro/Monat | Josefstädter Str. 76 | Tel. 0699 11 64 68 23

HALLEN-TRAINING FEHLANZEIGE

Bereit für den härtesten Workout Wiens? Das Training beim Vienna City Boot Camp macht den Meister – und zwar bei jedem Wetter. Denn die Fitnesseinheiten finden im Freien statt, quer durch die Stadt. Start ist am Heldenplatz, im Stadtpark oder im Prater. Straßenlaternen, Podeste und Brunnen werden dabei zu Trainingsgeräten umfunktioniert.

➔ VIENNA CITY BOOT CAMP

1. Bezirk | www.viennacitybootcamp.at | Zeiten und Preise siehe Website | Tel. 0676 9 55 94 46

SKATEN WIE EIN PROFI

Skaten lernen kann jeder. Aber richtige Kunststücke vollbringen? Der Verein zur Förderung der Skatekultur veranstaltet nicht nur Shows, bei denen Ihnen vom Zusehen schon schwindlig wird. Sie können dort auch an Ihren Fertigkeiten arbeiten und sich unter optimalen Trainingsbedingungen langsam an die richtig gefährlichen Sachen heranwagen.

➔ SKATEAREA 23

23. Bezirk | www.skatearea23.at | Zeiten siehe Website | Eintritt 3 Euro, Einzelstunde (45 Min.) 15 Euro | Perfektastr. 86 | Tel. 0650 4 90 35 50

ZIRKUS-LUFT SCHNUPPERN

Lust auf Stangentanz? Poledance Vienna holt das schweißtreibende Training aus der Schmuddelecke in die Fitnesswelt. Das ist allerdings nur eines von mehr als 90 angebotenen Tanz- und Turnformaten. Das Angebot könnte glatt als Grundausbildung zum Zirkusartisten durchgehen: von Aerial-Hoop bis Trapez. Die Schnupperstunde ist gratis.

➔ POLEDANCE VIENNA

22. Bezirk | www.poledancevienna.at | Startzeiten je nach Kurs | ab 30 Euro/Einheit, 140 Euro/6 Einheiten | Dückegasse 7

ES LÄUFT SICH BESSER GEMEINSAM

Wie lange reden Sie schon davon, mit dem Laufen zu beginnen? Sobald der Winter vorüber ist, treffen sich Laufbegeisterte jeden Dienstag im Prater zum gemeinsamen Joggen. Mit an Bord sind INSIDER TIPP erfahrene Trainer, die Ihnen wertvolle Tipps geben.

➔ WIEN LÄUFT

2. Bezirk | www.wienläuft.at | i. d. Regel ab März: Laufen Di 18–19.30, Nordic Walking Do 18–19.30 Uhr | Teilnahme kostenlos | Treffpunkt WAT-Athletikzentrum (Ernst-Happel-Stadion) | Meiereistr. 7, Sektor C | Tel. 01 8 04 85 32

VOLL GESUND

... und schmeckt auch noch

ECHTER GESCHMACK UNPLUGGED

Nachhaltigkeit wird im Hidden Kitchen groß geschrieben. Alles, was serviert wird, kommt ohne Konservierungsstoffe, Emulgatoren, Glutamat oder Geschmacksverstärker aus. Das werden Sie schmecken, egal ob Sie sich für einen der bunten Salate, eine Quiche oder einen Cupcake entscheiden. All das zu mehr als moderaten Preisen. Und wenn es draußen richtig warm wird, packt Küchenchefin Julia Kuta Ihnen einen INSIDER TIPP Picknickkorb für den Park.

➔ HIDDEN KITCHEN

1. Bezirk | www.hiddenkitchen.at | Mo–Fr 10–16 Uhr | Färbergasse 3 | Tel. 01 2 76 83 98

VEGGIE CHIC

Wie schick veggie sein kann, beweist das Tian in der Himmelpfortgasse. Die Einrichtung ist superelegant im modernen Belle-Époque-Stil gehalten, die vegetarisch-vegane Küche gehoben. Beim »Chef's Table« wird das kulinarische Erlebnis exklusiv zubereitet und begleitet von Starkoch Paul Ivic. Zur Auswahl stehen wechselnde Menüs, mit sechs bis zehn Gängen. Termine auf Anfrage.

➔ TIAN

€€€ | 1. Bezirk | www.tian-vienna.com | Di–Sa, Fei 12–14, 17.45–21 Uhr | Himmelpfortgasse 23 | Tel. 01 8 90 46 65 27

Veggie kann
Tian

GEMÜSEBURGER FREI HAUS

Sie möchten zur Abwechslung gerne statt einer Pizza etwas Vegetarisches auf der Couch verdrücken? Kein Problem, Rita bringt's, dafür ist sie ja bekannt. Weniger bekannt ist, dass ihr vegetarischer Lieferservice auch eine fixe Filiale am Vorgartenmarkt hat, wo Sie nach Herzenslust schlemmen können. Wofür Sie sich auch entscheiden, immer gilt: frisch gekocht, vegetarisch, 100% bio.

➔ RITA BRINGT´S

2. Bezirk | www.ritabringts.at | Mo–Fr 11.30–20, Sa 9.30–14.30 und ab 18 Uhr | Vorgartenmarkt Stand 20, Ecke Ennsgasse 7 | Tel. 01 3 61 77 22

FLEISCHLOS GLÜCKLICH

Ins Yamm sollten Sie besser nicht gehen, wenn der Hunger allzu groß ist: Die Speisen am ausgiebigen Buffet sehen alle so gut aus, dass die Wahl schwerfällt. So kommt da schnell so einiges auf dem Teller zusammen (2,70 Euro/100 g, Take-away 2,50 Euro). Zwei-Hauben-Koch Walter Schulz bietet an die 50 verschiedene Gerichte an. Allesamt vegetarisch, Schildchen weisen darauf hin, was außerdem vegan, laktose- und glutenfrei, scharf oder besonders geeignet für Kinder ist.

➔ YAMM

1. Bezirk | www.yamm.at | Mo–Fr 8–23, Sa 9–23, So 9–15 Uhr | Universitätsring 10 | Tel. 01 5 32 05 44

VEGAN MUSS NICHT TEUER SEIN

Vegane Köfte um 3 Euro! Oses Çiğ Köfte, ein kleines, aber feines Gassenlokal inmitten türkischer Fast-Food-Läden, entpuppt sich als gesunde, vegetarische und vegane Alternative. Ohne den Gebrauch von Fleischersatz sind Çig Köfte mit ihren hochwertigen Zutaten (Weizen, Paprika, Granatapfel, Walnuss usw.) das perfekte Angebot für den veganen schnellen Snack! Frische Säfte, warme und kalte Getränke.

➔ OSES ÇIĞ KÖFTE

16. Bezirk | www.osescigkofte.com | tgl. 12–22 Uhr | Richard-Wagner-Platz 17 | Tel. 0660 7 60 58 30

GUT NICHT NUR FÜR'S GEWISSEN

Wenn schon vernünftig, dann richtig! Ein Besuch im Reformhaus Buchmüller hinterlässt Sie mit einem guten Gefühl. Die Mittagsmenüs sind – erraten! – wahlweise vegetarisch oder vegan, auf jeden Fall ausgesprochen gesund. Abgesehen davon auch recht günstig: Einen Tagesteller bekommen Sie bereits um 7,50 Euro. Im Sommer können Sie in den Schanigarten übersiedeln und Passanten mit einem Hotdog in der Hand mitleidig hinterhersehen. Und wenn Sie daran Geschmack gefunden haben: INSIDER TIPP jeden ersten Donnerstag im Monat ab 19 Uhr Beautyparty mit Naturkosmetik.

➔ REFORMHAUS BUCHMÜLLER

7. Bezirk | www.reformhaus-buchmueller.at | Mo–Fr 9–18.30, Sa 9–17 Uhr | Neubaugasse 17–19 | Tel. 01 5 23 72 97

SEELEN-FUTTER

Ganz viel Trost mit Schokoguss

SCHOKOLADE!

Sie soll ja glücklich machen. Und wenn Sie eine Extraportion Glück gerade dringend brauchen, dann wenden Sie sich vertrauensvoll an Konditormeister Eduard A. Fruth, der im Vierten und Fünften zwei kleine Schokoläden betreibt. Schoko mit Rosmarin, Schoko mit Zitronenpfeffer, Schoko mit Wasabi. Oder doch ein Marzipantörtchen? Egal. Erlaubt ist, was Sie wieder zum Lächeln bringt.

➔ CHOCOLATERIE FRUTH

4. Bezirk | www.fruth.at | Di–Fr 11–19, Sa 9–17 Uhr | Kettenbrückengasse 20 | Tel. 0664 1 43 22 43
5. Bezirk | www.fruth.at | Di–Fr 11–19 Uhr | Wiedner Hauptstr. 114 | Tel. 0664 9 52 28 80

DIE SPERLTORTE MACHT'S WIEDER GUT

So schlimm? Raffen Sie sich auf und gehen Sie ins Sperl. Da treffen sich seit bald 150 Jahren Leute, die dem Weltschmerz nachhängen. Hier lässt es sich gut traurig sein. Okay, es lässt sich hier auch trefflich Zeitung lesen oder Karambol spielen – aber davon ein andermal. Bestellen Sie sich eine original Sperltorte aus Milchschoko, Mandelmasse, Vanille und Zimt. Und, geht's Ihnen schon besser? Na also.

➔ CAFÉ SPERL

6. Bezirk | www.cafesperl.at | Mo–Sa 7–23, So 11–20 Uhr, Juli/Aug. So geschl. | Gumpendorfer Str. 11 | Tel. 01 5 86 41 58

DAS EIS IST HEISS

Wie wär's mit einem Eis, wenn man nicht mehr weiter weiß? Und zwar mit einem, das so fantastisch ist, dass Sie sogar die Reise nach Floridsdorf auf sich nehmen. Die Rede ist vom Benner, der alle möglichen und unmöglichen Eiskreationen im Angebot hat, zum Beispiel »Ananas Hawaii« oder »Grieskoch«. Vielleicht heitert Sie ja das auf?

➔ EISSALON BENNER

21. Bezirk | www.facebook.com/eissalonbenner | März–Sept. tgl. 10–22.30 Uhr | Prager Str. 37 | Tel. 01 2 70 66 04

TANZ AUS DER REIHE

Die Welt weiß nicht, was sie an Ihnen hat? Tanzen Sie nicht nach der Pfeife der anderen. Tanzen Sie anders – oder bekämpfen Sie zumindest allfällige Selbstzweifel mit einem der sagenhaften Kuchen in dem gleichnamigen Café. Das ist außen blau und innen türkis. Schaut ein bissl komisch aus, stimmt. Aber das Café schert sich nicht darum, was andere denken. Machen Sie es wie dieses Café!

➔ TANZEN ANDERS

5. Bezirk | www.tanzenanders.at | Mi–Fr 8–18, Sa/So 9–17 Uhr | Ziegelofengasse 29 | Tel. 01 9 74 47 74

KÖNIGLICH WIE SIE

Suchen Sie nach einem Ort, um sich stilecht die Krone zu richten, ehe Sie weitergehen? Wie wär's mit dem Café Little Britain? Das versprüht wie kein anderes in Wien den royalen Charme Albions. Sie könnten sich hier zum Beispiel einen Bagel schnappen und Pläne schmieden, wie Sie es der Welt endgültig beweisen könnten. Good luck!

➔ CAFÉ LITTLE BRITAIN

2. Bezirk | www.little-britain.at | Mi–So 9–18 Uhr | Engerthstr. 249 | Tel. 01 9 96 21 43

DER BÄCKER WIRD'S SCHON RICHTEN

Zeit für Veränderung? Dann fangen Sie am besten mit Brot an. Ja, Brot: Gönnen Sie sich mal ein richtig gutes. Zum Beispiel von der Bäckerei Joseph, die das mit Abstand beste der Stadt macht. Brot, meint Bäcker Joseph Weghaupt, sei nämlich mehr als bloß ein Grundnahrungsmittel. Es ist Lifestyle. Ihr neuer Lifestyle. Alles wird gut!

➔ BÄCKEREI JOSEPH

1. Bezirk | www.joseph.co.at | Mo–Fr 7–19, Sa 8–18 Uhr | Naglergasse 9

Dumm gelaufen

Pannendienst – gleich nebenan

OMG! WAR'S DAS MIT DEM BIER?

Es kann nichts Schlimmeres passieren als eine Party, bei der nachts das Bier ausgeht? Zumindest nicht in Wien. Bierher ist ein Lieferservice, der Ihnen auch nach Mitternacht noch Bier, Wein oder Knabberzeug nach Hause bringt. Mindestbestellwert 15 Euro.

BIERHER

www.bierher.at | tgl. 19–1 Uhr | Tel. 0699 14 00 14 00

NOCH SCHNELL WAS KOPIEREN?

Die Deadline naht, und Sie müssen unbedingt noch vor morgen früh einige Unterlagen kopieren? Keine Sorge, es gibt einen Late-Night-Copyshop am Franz-Josef-Kai.

➔ REPA.NEO WIEN CITY

1. Bezirk | www.repacopy.at/?id=321 | tgl. 8–2 Uhr | Franz-Josef-Kai 33 | Tel. 0800 20 82 10

KEINE PASSENDEN KLAMOTTEN ...

Die neue Hose ist doch zu lang? Aber wer könnte …? Wenden Sie sich vertrauensvoll an Michael, den »lustigsten Schneider von Wien«. Er kennt sich aus und macht Ihnen einen guten Preis – wenn Sie ihn zum Lachen bringen!

➔ SCHNEIDEREI MICHAEL

6. Bezirk | Mo–Sa 9–19 Uhr | Amerlingstr. 8 | Tel. 0699 10 00 97 90

... UND DAS STYLISHE ACCESSOIRE FEHLT!

Samstagabend, alle Läden längst zu, aber Sie suchen noch nach einem stylishen Accessoire für die Party, eine coole Sonnenbrille oder eine extravagante Brieftasche? Nicht verzagen, ab in die Hofmühlgasse. Das Polyklamott hat einen 24-Stunden-Automaten für gebrauchte Vintage-Sachen.

➔ POLYKLAMOTT

6. Bezirk | www.polyklamott.at | Mo–Fr 12–19.30, Sa 11–18 Uhr | Hofmühlgasse 6 | Tel. 01 9 69 03 37

APOTHEKE ZU! WAS NUN?

Keine Lust, den Zusatztarif für eine Nachtapotheke zu berappen? Müssen Sie auch nicht. In der Margaretenstraße gibt es einen Apotheken-Automaten, in dem sie Aspirin und Co kaufen können.

➔ APOTHEKE ZUM EINHORN

4. Bezirk | www.einhornapotheke.at | Margaretenstr. 31 | Tel. 01 5 87 46 47

SNACK ATTACK

Heißhunger? Auf zum Gegenangriff!

NUR DER NAME IST SCHWERE KOST

Wissen Sie, wie man Trzesniewski ausspricht? Ungefähr so: »Tschesnjewski«. Aus dem kleinen polnischen Laden mit den »unaussprechlich guten Brötchen« für den kleinen Hunger ist längst eine ganze Kette geworden. Doch die markanten kleinen Schwarzbrotschnitten um 1,10 Euro das Stück sind dieselben geblieben: Geflügelleberaufstrich, Karotte, Gervais bis hin zu Speck und Ei. Die Trzesniewskis betreiben mittlerweile zehn Filialen in ganz Wien. Der Klassiker ist das Stammhaus in der Dorotheergasse.

➔ TRZESNIEWSKI

1. Bezirk | www.trzesniewski.at/filialen/dorotheergasse | Dorotheergasse 1 | Mo–Fr 8.30–19.30, Sa 9–18, So/Fei 10–17 Uhr | Tel. 01 5 12 32 91

MATJES UND MEHR

Sie krebsen schon seit Stunden durch die Stadt, und Ihr Magen brummt wie ein alter Seebär? Zeit für einen Zwischenstopp im Wulfisch, der Krabbenbude unweit vom Karmelitermarkt. In dem kleinen Imbisslokal gibt es norddeutsche Spezialitäten wie Fischbrötchen und -wraps, Nordseekrabben, Matjes, geräucherte Forellen und diverse Salate an. Ihren Durst stillen Sie stilecht mit norddeutschen Getränken wie Jever, Astra und Fritz-Kola. Ahoi!

➔ WULFISCH

2. Bezirk | www.wulfisch.at | Mo–Fr 11–20, Sa 10–15 Uhr | Tel. 01 9 46 18 75

GUT UND GAR SCHNELL

»Schade, dass es die Thai Isaan Kitchen nicht auch bei uns gibt«, sagen viele Stammgäste der kleinen Garküche im Sechsten und nehmen die Anreise aus anderen Bezirken immer wieder in Kauf, um bei den freundlichen Imbissbetreibern in der Gumpendorfer Straße zu speisen. Jedes Gericht wird frisch zubereitet, das kann man sehen, hören, riechen und schmecken. Der Andrang ist oft groß, daher sollten Sie Wartezeit einkalkulieren.

➔ THAI ISAAN KITCHEN

6. Bezirk | www.thai-isaan.at | Mo–Sa 11–22, So 17–22 Uhr | Gumpendorfer Str. 91 | Tel. 01 5 95 28 00

Streich-konzert
Nr. 1 von Trzesniewski

BEI HUNGER: GRETEL

Auch der schnelle Happen für zwischendurch kann gesund sein. Beweis? Die Gretel von der Mahü. Ihre täglich wechselnden Bio-Suppen sind der Wahnsinn! Geliefert werden Sie von »Anna's«, das Brot kommt von der exzellenten Bäckerei »Joseph« und die Nachspeisen vom »Tart'a Tata« nebenan. Dazu gibt's grüne Detox-Smoothies oder Kaffee. Der Platz ist knapp, aber Sie können alle Speisen mitnehmen – Sitzgelegenheiten finden Sie in der Fußgängerzone ja zuhauf.

➔ GRETEL

7. Bezirk | www.facebook.com/zur.gretel | Mo–Fr 8–19, Sa/So 9–19 Uhr | Mariahilfer Str. 92 | Tel. 0699 10 66 69 51

DENKBAR GUT

Sie haben den Verdacht, dass Ihre Konzentrationsschwierigkeiten nicht alleine auf den Hunger zurückzuführen sind? Dann kombinieren Sie doch einen schnellen Imbiss mit Hirnnahrung. Darauf hat sich Pat's Brainfood spezialisiert. Ihre Currys, Suppen und Salate wurden gemeinsam mit Ernährungswissenschaftern entwickelt und versprechen Abhilfe bei kleineren Gedächtnisschwächen oder Gereiztheiten. Einfach fragen, was Ihnen helfen könnte. Und wenn Sie nicht daran glauben? Macht nichts, schmecken tut es jedenfalls.

➔ PAT'S BRAINFOOD

1. Bezirk | www.pats-brainfood.com | Mo–Fr 11.30–15 Uhr | Plankengasse 4 | Tel. 0664 2 03 83 03

DOSENFUTTER

Wenn es richtig schnell gehen muss, könnten Sie einen Sprung zum Snack-Shop Liechtensteinstraße erwägen. Der Laden hat sich auf Dosensnacks spezialisiert: vom Würstel bis hin zur Chillibrezel aus der Dose. Dazu gibt es eine riesige Auswahl an Knabbereien aus aller Herren Länder. Aufreißen, essen!

➔ SNACK-SHOP LIECHTENSTEINSTRASSE

9. Bezirk | Mo–Fr 10–19, Sa 10–18 Uhr | Liechtensteinstr. 25 | Tel. 01 3 17 25 79

LOKALE LOKALE

So isst Wien

ALTWIENER FELS IN DER BRANDUNG

Links und rechts ist Hipster-Gegend, dazwischen liegt das Steman. Dieses wunderschön renovierte Altwiener Beisl sticht aus der Uniformität des Individualismus im Sechsten hervor. Das Traditionsgasthaus überzeugt durch sein aufgeräumtes Interieur und eine exzellente, althergebrachte Küche: vom Beuschl bis zum Schnitzel.

➔ GASTWIRTSCHAFT STEMAN

6. Bezirk | www.steman.at | Mo–Fr 11–24 Uhr | Otto-Bauer-Gasse 7 | Tel. 01 5 97 85 09

PARIS LIEGT AN DER DONAU

Das »Paris« im Namen täuscht: Viel wienerischer geht es kaum. Das Schweinsschnitzerl ist ein Wahnsinn, die Portion Eiernockerl riesig, und das Gulasch zerfließt im Mund. Das kommt auch daher, dass der Chefkoch hier sein Handwerk im Steirereck gelernt hat. Hauskost auf Haubenniveau! Empfehlenswert, weil besonders urig ist das INSIDER TIPP Extrastüberl, das Platz für bis zu 25 Leute hat und sich damit für kleinere Feiern anbietet.

➔ GASTWIRTSCHAFT BLAUENSTEINER »ZUR STADT PARIS«

8. Bezirk | www.gastwirtschaft-blauensteiner.at | tgl. 11–23.30 Uhr | Josefstädter Str. 4 | Tel. 01 4 05 14 67

MEHR ALS SCHNICKSCHNACK

An der Einrichtung im Alten Fassl scheiden sich die Geister: »Schnickschnack« nennen die einen die vielen alten Plakate in der Gaststube. »Gar nicht«, sagen andere, die darin einen Beweis für die Traditionsbewusstheit der Wirtsleute sehen. So oder so: Der Gesamteindruck des Beisls ist mega-urig und die Altwiener Küche sagenhaft. Der Zwiebelrostbraten ist Balsam für den Gaumen!

➔ ZUM ALTEN FASSL

€€€ | 5. Bezirk | www.zum-alten-fassl.at | Mo–Fr 11.30–15, 17–24, Sa 17–24, So 12–15, 17–24 Uhr | Ziegelofengasse 37 | Tel. 01 5 44 42 98

Es ist angerichtet

im Blauensteiner »Zur Stadt Paris«

SO HIP KANN TRADITION SEIN

Ausgerechnet in der Lifestyle-Hochburg des jungen Wiens, dem Museumsquartier, residiert ein Altwiener Wirtshaus. Das Glacis Beisl verbindet Tradition mit Moderne, lässt aber keinen Zweifel daran aufkommen, was es sein möchte: eine Gastwirtschaft mit Grammelknödel und Gulasch. Angesichts der selbstbewussten Preise ist das Publikum eher gehoben. Im Sommer lockt einer der schönsten Gastgärten Wiens.

➔ GLACIS BEISL

7. Bezirk | www.glacisbeisl.at | tgl. 11–2 Uhr | Breitegasse 4 | Tel. 0 1 5 26 56 60

WIRKLICH EIN BEISL

Das Finkh sieht definitiv nicht aus wie ein echtes Beisl. Beim Reingehen würden Sie vermutlich eher damit rechnen, dass es in dem kühl durchgestylten Lokal mit der spartanischen Einrichtung allenfalls einen Aperol-Spritzer oder einen Caffè Latte zu bestellen gibt. Doch weit gefehlt! Man kann hier essen – und wie: Die Küche ist klassisch vom Tafelspitz über das Blunzengröstel bis hin zum Wiener Schnitzel vom Kalb mit Erdäpfel-Vogerl-salat.

➔ FINKH

€€€ | 6. Bezirk | www.finkh.at | tgl. 17–24 Uhr | Esterhazygasse 12 | Tel. 01 9 13 89 92

Enorm in Form

ist Christian Petz im Gußhaus

INNEREIEN!? NA, WARUM DENN NICHT?

So viele Innereien auf der Speisekarte – von Kutteln bis Herzzapfen – muss man sich auch einmal trauen. Im Gasthaus Wolf wissen Sie wenigstens, woran Sie sind. Und wenn Sie sich einmal kulinarisch gesehen auf unbekanntes Terrain begeben, dann dort. Mutig ist übrigens auch die Einrichtung: Die holzvertäfelten Wände in Waldgrün sind mal was anderes als das übliche Schwarz und Braun im Wirtshaus.

➔ **GASTHAUS WOLF**

€€€ | 4. Bezirk | gasthauswolf.at | Mo–Fr 11.30–14, 17–1, Sa 17–1 Uhr | Große Neugasse 20 | Tel. 01 5 81 15 44

WIRTSHAUS MIT STERN

Jetzt hat er also tatsächlich einen Michelin-Stern bekommen. Dabei will Christian Petz, der Wirtssohn, doch eigentlich nur Beisl-Koch sein. Aber eben der beste. Und es schmeckt wirklich verdammt gut bei ihm im Gußhaus, wo man an der Theke noch eine Zigarette rauchen kann, ohne dabei scheel angeblickt zu werden. Bloß die Preise sind etwas über Beisl-Niveau. Aber es zahlt sich aus!

➔ **PETZ IM GUSSHAUS**

4. Bezirk | www.gusshaus.at | Mo–Fr 17.30–24 Uhr | Gußhausstr. 23 | Tel. 01 5 04 47 50

DIE KEGELBAHN OBEN DRAUF

Altwiener Essen ist eine Sache, aber eine INSIDER TIPP Kegelbahn wie im Zur Stadt Krems findet man sonst selten. Schon das alleine rechtfertigt einen Besuch in diesem aufgeräumten, geraden Beisl. Was allein noch nichts über das Essen aussagt, denn das ist exzellente Wiener Küche.

➔ **ZUR STADT KREMS**

9. Bezirk | stadtkrems.steman.at | Mo–Fr 11–22.30 Uhr | Zieglergasse 37 | Tel. 01 5 23 72 00

BEIM STAMPERL IST DIE WELT WIEDER IN ORDNUNG

Okay, okay, das Bier ist aus Bayern. Und man gibt sich ein wenig sehr vegetarierfreundlich im Weinhaus Arlt. Aber der Rest ist echt wienerisch: vom original Kalbsrahmbeuschel bis hin zur stilechten Wirthauseinrichtung. Und dem Schmäh. Am Schluss empfiehlt der Wirt ein »Müsli für Männer«, womit das obligatorische Stamperl gemeint ist.

➔ **WEINHAUS ARLT**

17. Bezirk | www.weinhausarlt.at | Mi–Fr 17–23, Sa 11–23, So 11–16 Uhr | Tel. 01 4 86 02 93

ECHT EXOTISCH

Sieht komisch aus, schmeckt aber super

EIN TISCHTUCH ZUM REINBEISSEN

In Äthiopien isst man mit den Fingern. Alle setzen sich um ein tischtuchgroßes, dünnes Fladenbrot, von dem Sie sich ein Stück abreißen, um darin würziges Fleisch in allen Varianten einzuwickeln. Ausprobieren, im Äthiopischen Restaurant. Am besten im gemütlichen Schanigarten. Sie werden nicht genug davon bekommen können, versprochen!

➔ ÄTHIOPISCHES RESTAURANT

9. Bezirk | www.ethiopianrestaurant.at | Di–Do 12–23, Fr/Sa 12–24, So 16–21 (Küche bis 22 bzw. 20) Uhr | Währinger Str. 15 | Tel. 01 4 02 07 26

SO SCHMECKT DIE DIASPORA

Geschmack kennt keine Grenzen. Diesem Motto fühlt sich das Habibi und Hawara verpflichtet. Das Restaurant im noblen Wiener Börsenviertel bringt ausschließlich Menüs auf den Tisch, die von Flüchtlingen kreiert und gekocht werden. Kulinarisch gesehen liegt der Schwerpunkt auf orientalischen Gerichten, garniert mit Wiener Schmäh.

➔ HABIBI UND HAWARA

1. Bezirk | www.habibi.at | Mo–Fr 11.30–14.30, 18–22, Sa 18–22 Uhr | Wipplingerstr. 29 | Tel. 01 5 35 06 75

DER GESCHMACK DES INDISCHEN OZEANS

In Sri Lanka sagt man nicht einfach »Hi«. Man sagt: »Mögest du dich eines langen Lebens erfreuen.« Mögen Sie sich eines möglichst langen und guten Essens in Wiens einzigem sri-lankischen Restaurant erfreuen. Das Colombo Hoppers will dem Wiener Publikum zumindest ein wenig vom Geschmack der Perle des Indischen Ozeans mitgeben. Das Essen ist abwechslungsreich, leicht und curryreich. Auch zum Mitnehmen!

➔ COLOMBO HOPPERS

5. Bezirk | www.colombohoppers.com | Di–Fr 12–15, 18–22.30, Sa/Fei 18–22.30, So 11.30–15, 18–22.30 Uhr | Schönbrunner Str. 84 | Tel. 01 5 45 43 08

KARIBIKFEELING OHNE SCHLECHTES GEWISSEN

Ein wenig abseits der Mahü liegt ein wahres Kleinod afrikanischer Kochkunst. Das Keke's ist Café, Restaurant und Cocktailbar in einem. Die afrikanisch-karibisch-kreolischen Gerichte lassen Urlaubsstimmung aufkommen. Zugleich sind die würzigen Gerichte ziemlich gesund und mit frischen Bio-Zutaten bereitet. INSIDER TIPP Jamaican Jerk Chicken mit gebratenen Kochbananen – gut, aber scharf.

➔ KEKE'S

6. Bezirk | www.kekes.at | Mo–Sa 17–24 Uhr | Amerlingstr. 15 | Tel. 0699 10 02 91 00

HAND AUFS HERZ: USBEKISCH?

Was fällt Ihnen zu usbekischem Essen ein? Tipp: Es ist koscher, mit starken orientalischen und russischen Einflüssen. Soll heißen: Es gibt im Simchas super Falafel, Hummus bis zum Abwinken und zum Runterspülen einen klaren Wodka. Interessante Mischung, nicht? Das alles inklusive dem extrastylishen Interieur ist doch mal einen Besuch wert.

➔ SIMCHAS

€€€ | 2. Bezirk | www.facebook.com/Simchas-77959057829 | Mo–Do 16–23, So/Fei 12–23 Uhr | Taborstr. 47 | Tel. 01 2 18 28 33

Schön spießig kommt die Churrascaria daher

HARPA HENRYSDÓTTIRS REZEPT GEGEN HUNGER

Björk ist Ihnen ein Begriff? Und dass in der Hauptstadt Rejkjavik einmal ein Komiker Bürgermeister wurde. Aber was wissen Sie sonst von Island – zum Beispiel in kulinarischer Hinsicht? Schließen Sie diese Wissenlücke im Home Café von Harpa Henrysdóttir. Und das empfiehlt sich, denn die Mischung aus getrocknetem Fisch, selbst gemachtem Gebäck und allerhand exzellenten Suppen ist auf jeden Fall einen Besuch wert.

➔ HOME CAFÉ

9. Bezirk | www.home-cafe.at | Mo–Mi 9–22, Do/Fr 9–24, Sa 11–24, warme Küche bis 22 Uhr | Spitalgasse 3 | Tel. 01 4 02 43 65

NAHER OSTEN MAL ANDERS

Sagen Sie niemals »arabisch« zu dieser Küche. Da sind die Perser heikel. Und es stimmt: Die Speisen im Simorgh im Neunten haben wenig am Hut mit dem, was Ihnen sonst so aus dem Nahen Osten kredenzt wird. Versuchen Sie das »Shorba Morgh«, eine persische Gemüsesuppe mit Karotten, Paprika und Koriander. Ach ja: Freitag und Samstag spielt INSIDER TIPP Sufimusik.

➔ SIMORGH

9. Bezirk | www.kuechemitkultur.simorgh.at | Mo–Sa 11.30–22.30, Fei 17–22.30 Uhr | Sechsschimmelgasse 7 | Tel. 01 3 10 26 97

HEUSCHRECKEN SCHMECKEN

Schon mal Heuschrecken geknabbert oder Kängurufleisch gegessen? Im Crossfields Australian Pub können Sie in die fremde, kulinarische Welt von Down Under eintauchen – und gegebenenfalls Vorurteile gegenüber fremden Speisen revidieren. INSIDER TIPP Gesalzene Heuschrecken schmecken nämlich wirklich lecker. Gerne auch mit einem Fosters zum Runterspülen. Übrigens: Im Keller ist es besonders gemütlich.

➔ CROSSFIELD'S AUSTRALIAN PUB

1. Bezirk | www.crossfield.at | Mo–Do 10–1, Fr/Sa 10–2, So 10–24 Uhr | Maysedergasse 5 | Tel. 01 24 10 02 30

GUTE LAUNE INBEGRIFFEN

Ein astlanger Spieß mit gut einem Dutzend unterschiedlicher Fleischsorten, die von Kellnern durch das Lokal getragen werden. Sie schneiden sich ab, was sie möchten. So läuft das ab im einzigen brasilianischen Lokal Wiens, der Churrascaria. Dazu gibt es Unmengen an landestypischem Gemüse wie Süßkartoffeln oder Maniok.

➔ CHURRASCARIA

€€€ | 4. Bezirk | www.churrascaria.at | Mo–Sa 18–24, So 12–14.30, 18–24 Uhr | Rechte Wienzeile 21 | Tel. 01 5 12 04 45

Weltreise in Wien

Zu Besuch beim Weltenbummler

Wenn Kurt Spet nicht gerade irgendwo am anderen Ende der Welt auf Abenteuerreise ist, dann treffen Sie Ihn vielleicht persönlich an. In seinem kleinen Laden im Neunten bietet der Weltenbummler die Ausbeute seiner vielen Reisen zum Verkauf an. Ob angesagte Öle aus Frankreich oder sizilianische Marmelade: Schmökern lohnt sich.

➔ HANNIBAL

2. Bezirk | www.hannibal-wien.at | Mo–Fr 10–18, Sa 10–18 Uhr | Taborstr. 24 | Tel. 01 2 12 22 15

Afrikanisch abfeiern

Eigentlich geht es im Afro-Asiatischen Institut nicht ums Partymachen. Im angeschlossenen Café geht regelmäßig die Post ab. Untertags können Sie hier bei einer Wasserpfeife und einem reichhaltigen Buffet mit Studierenden aus afrikanischen und asiatischen Ländern Freundschaft schließen. Am Abend steigen regelmäßig Veranstaltungen: Konzerte, Modenschauen oder Multikulti-Partys bis spät in die Nacht.

➔ CAFÉ AFRO IM AFRO-ASIATISCHEN INSTITUT

9. Bezirk | Mo–Fr 8.30–24, Sa/So 10–24 Uhr | Türkenstr. 3 | Tel. 01 31 05 14 53 11

Findiges aus Finnland

Was Heimweh alles bewirken kann! Heidi Salama-Kollegger stammt aus Helsinki. Als ihre Sehnsucht nach dem hohen Norden zu groß wurde, beschloss sie, ihre Heimat einfach nach Wien zu holen. Im Shop verkauft sie ausschließlich Produkte aus Finnland – von Wohnaccessoires der Marken Marimekko oder Iittala über Mode bis hin zu Delikatessen.

➔ FINNSHOP

7. Bezirk | www.finnshop.at | Mo–Fr 11–18, Sa 11–17 Uhr | Siebensterngasse 17 | Tel. 0676 9 63 84 58

Wenn das kleine Fernweh kommt

RASIERT WIE EIN RÖMER

Schon mal eine original italienische Rasur mit heißen Tüchern versucht? Das gibt es nur bei Patrick Ridlmaier und Arthur Brauner. Die beiden stylischen Tattooträger haben mit ihrem Barbershop in Neubau eine Marktnische gefunden. Genießen Sie ein Getränk Ihrer Wahl, lehnen Sie sich zurück und lassen die beiden Jungs Ihre Arbeit tun. Reservieren nicht vergessen!

➔ **BROTHERS BARBERSHOP**

7. Bezirk | www.barbershop.wien | Di–Fr 10–19, Sa 10–17 Uhr | Neubaugasse 81 | Tel. 01 9 90 83 04

LILI MUSS MAN EINFACH LIEBEN

Sie mögen Chinesisch? Dann werden Sie den Lili Markt lieben. Unter der recht unauffälligen Fassade gegenüber vom Naschmarkt verbirgt sich der größte und bestsortierte chinesische Supermarkt Wiens. Ob Sie nun ein schnelles Fertigessen, Zutaten für ein ausgefallenes chinesisches Gericht oder nur nach Nippes suchen: Bei Lili sind Sie richtig!

➔ **LILI MARKT**

9. Bezirk | www.facebook.com/LiliMarkt | Mo–Fr 8.30–19, Sa 8.30–18 Uhr | Rechte Wienzeile 29 | Tel. 01 5 81 11 73

Maulstopfen 4.0

ESSEN? GEHT AUCH.

SCHAU-PLÄTZE

Sitzen, essen, Leute gucken

SIE HIER, HERR MINISTER?

Wer Politprominenz beobachten möchte, ist im »Genuss-Penthouse im Justizpalast« bestens bedient. Denn hier gibt sich die Crème de la Crème des österreichischen Justizwesens die Klinke in die Hand. Aber auch manch amtierender oder ehemaliger Politiker schneit gelegentlich herein. Dazu kommt die herrliche Aussicht über Wien. INSIDER TIPP Planen Sie etwas Zeit für Leibesvisitationen ein.

➔ JUSTIZCAFÉ

1. Bezirk | **www.justizcafe.at | Mo–Fr 7.30–16.30 Uhr | Schmerlingplatz 10 | Tel. 0676 7 55 61 00**

SICHTBAR IN DER MILCHBAR

Manch Abgeordneter soll schon seine Rede versaut haben, weil er zu lange in der Parlamentskantine mit einzweidreivier Bier daran gefeilt hat. Richtig interessant wird es, wenn er mit einem Kollegen von einer anderen Fraktion anstößt. Bahnt sich da was an? Für Parlamentskiebitze gibt es keinen besseren Ort als die Milchbar gleich neben der Säulenhalle. Angenehmer Nebeneffekt: INSIDER TIPP Das Essen ist gut und ziemlich günstig. Unten kommen Sie aber nur mit Anmeldung rein.

➔ PARLAMENTS-KANTINE

1. Bezirk | **www.parlament.gv.at | Mo–Fr 8.30–18.30, Sa 9.30–16.30 Uhr | Dr. Karl Renner-Ring 3**

DER? MIT DEM?

Klar können Sie im Fabios einfach essen gehen. Ist halt ziemlich teuer, der italienische Nobelschuppen in Tuchlauben. Besser, Sie bestellen sich im Fabios ein Mineralwasser oder einen weißen Spritzer (das geht sich schon aus) und beobachten, wer ein- und ausgeht – und mit wem. Hier isst, wer mehr als genug Kleingeld hat und sich gerne zeigt: Vom Topmanager über den Lobbyisten bis zum Minister. Sie werden Augen machen. Nehmen Sie trotzdem genug Bargeld mit – man kann nicht mit Karte zahlen.

➔ FABIOS

1. Bezirk | **www.fabios.at | Mo–Sa 9–1 Uhr | Tuchlauben 6 | Tel. 01 5 32 22**

WIE SCHÖN IST VERGÄNGLICH!

Schon Qualtinger besang die verrucht-elegante Eden-Bar, in der manch schlüpfrige Affäre ihren Anfang nahm. Heute zehrt sie ein wenig von ihrem großen Namen und dem nach wie vor beeindruckendem Interieur. Viele Stammgäste, die einst Rang und Namen hatten, verkehren immer noch gerne hier. Das zu beobachten und über die Vergänglichkeit allen Scheins nachzudenken, rechtfertigt die 14 Euro für einen Drink.

➔ EDEN BAR

1. Bezirk | **www.edenbar.at | Do–Sa 22–4 (Fei geschl., wenn Fei auf Fr oder Sa fällt, geöffnet), Juli/Aug. geschl. | Liliengasse 2 | Tel. 01 5 12 74 50**

PFERDENÄRRISCH

Man kennt es aus englischen Filmen. Aber wussten Sie, dass es auch in Wien eine Pferderennbahn gibt, bei der hohe Summen den Besitzer wechseln können? Wenn Sie einmal mitfiebern wollen oder auch bloß zusehen, wie andere gerade die Nerven verlieren, sollten Sie sich das verrückte Schauspiel in der Krieau einfach einmal live geben. In der Tribüne Krieau gibt es auch etwas zu essen und zu trinken: Denn auch voller Bauch studiert gern.

➔ TRABRENNBAHN KRIEAU

2. Bezirk | **www.krieau.at** | **Öffnungszeiten laut Programm** | **Nordportalstr. 247**

SELFIEWAHNSINNIG SIND DIE ANDEREN

Für Touristen gehört das Schloss Schönbrunn samt dem dazugehörigen riesigen Park zu den Places to go. Entsprechend gedrängt ist es dort im Sommer: Schon witzig zu beobachten, wie Menschen aus aller Welt den schmalen Pfad hinauf zur Gloriette hetzen, auf der Suche nach dem besten Selfie. Sie aber sitzen darüber, im Café Gloriette, wo Sie an einer zugegebenermaßen teuren Sisi-Torte knabbern, über das Schauspiel lachen und sich freuen, in der schönsten Stadt der Welt zu leben.

➔ GLORIETTE CAFÉ

13. Bezirk | **www.gloriette-cafe.at** | **tgl. 9–16.30 Uhr** | **Schlosspark Schönbrunn** | **Tel. 01 8 79 13 11**

Lebens-lang
glücklich im Justizcafé

HELDEN MIT TABLETT

Dieser Service hat sein Trinkgeld verdient

GEHEIMTÜR INS COCKTAIL-PARADIES

Suchen Sie nicht nach einem Hinweis, es gibt ihn nicht. Man muss wissen, was sich in der Buchfeldgasse 7 hinter der Tür verbirgt. INSIDER TIPP Drücken Sie nach vorheriger Reservierung die Klingel und werden ins Cocktail-Paradies eingelassen. Höflich wird man Sie nach Ihrem Lieblingsgetränk fragen. Eigentlich sind Sie Biertrinker? Der Barkeeper wird nicht einmal mit der Wimper zucken und Ihnen einen extra für Sie gemixten Drink servieren, dass Ihnen Hören und Sagen vergeht – und der dennoch irgendwie nach Bier schmeckt. Aber pscht! Nicht weitersagen, was sich hinter Tür 7 abspielt.

➜ TÜR 7

8. Bezirk | www.tuer7.at | Mo–Sa 19–4 Uhr | Buchfeldgasse 7 | Tel. 0664 5 46 37 17

DISKRET, CHARMANT UND DEKADENT

Billig ist es beim besten Willen nicht. Aber es ist ja auch kein alltägliches Vergnügen: Jeden ersten Sonntag im Monat bittet man im noblen Palais Coburg zum »Free Flow Champagner Brunch«. Um 95 Euro bekommen Sie ein royales Frühstück inklusive Champagner und Rundum-Verwöhnung durch die Hotelangestellten: So schnell können Sie gar nicht austrinken, wie das Glas – ganz diskret, versteht sich – wieder voll ist.

➜ FREE FLOW CHAMPAGNER BRUNCH

1. Bezirk | palais-coburg.com | jeden 1. So im Monat | Coburgbastei 4 | Reservierung: Tel. 01 51 81 81 30

LASSEN SIE SICH ÜBERRASCHEN

Fragen Sie in diesem holzvertäfelten Spitzenlokal nicht nach einer Speisekarte. Es gibt keine. Das Pramerl & the Wolf hat sich der Bistronomie verschrieben – der Kunst des Weglassens. Sie werden als Gast nach Ihrem Geschmack und Zeitbudget gefragt. Entsprechendes Budget vorausgesetzt. Da kommen dann Dinge wie Schwarzwurzeln, deren Schalen zu würzigen Chips gedörrt wurden, mit Birne und Nüssen und einer mit Verjus verfeinerten Nussbutter oder in Tannennadeln gebeizter Rehrücken auf den Tisch.

➜ PRAMERL & THE WOLF

€€€ | 9. Bezirk | www.pramerlandthewolf.com | Mi–Sa 18–24 Uhr | Pramergasse 21 | Tel. 0676 70 14 17

REPARIEREN STATT WEGWERFEN

Zweimal im Monat tagt im Café Florianihof ein ganz besonderer Stammtisch. Der Elektriker und Nachhaltigkeits-Fan Hannes Tschürtz erklärt, wie man eine alte Waschmaschine wieder in Schuss bringen oder was man mit einem kaputten Staubsauger anfangen kann: INSIDER TIPP Und das Ganze ist kostenlos, nur Ihre Getränke müssen Sie selber zahlen.

ENERGIE- UND REPARATUR-CAFÉ

8. Bezirk | www.tschuertzservices.at | jeden letzten Mo und 2. Do im Monat | Florianigasse 45 | Tel. 0699 17 89 08 25

DAMPFER MIT RIESIGER LADUNG

Sie wollen sich ein Tattoo machen lassen? Einen winzigen Flohmarktbummel machen? Livemusik hören? Oder einfach nur ein Bier trinken? Im Sechsten ist ein Gastrodampfer mit ganz besonders reichhaltiger Ladung vor Anker gegangen. Hafenjunge heißt die Kneipe, in der man sich wie in Hamburg wähnt und in der es irgendwie fast alles gibt.

HAFENJUNGE

6. Bezirk | www.hafenjunge.com | Mo–Fr 18–22 Uhr | Esterhazygasse 11 | Tel. 0699 19 71 15 16

ES WAR EINMAL IN NEW YORK

Machen Sie kurz die Augen zu und stellen sich vor: Sie in den wilden Zwanzigerjahren in einer dieser leicht verruchten New Yorker Bars. Im Hintergrund spielt eine Jazzcombo, es riecht nach Zigarrenrauch und Whiskey. Jetzt öffnen Sie die Augen und finden sich im Kruger's wieder, das unter die 100 besten Bars der Welt gewählt wurde. Die Zeitreise wird hier mitverkauft. Entspannen Sie – und denken Sie nicht an die Rechnung. INSIDER TIPP Bis 20 Uhr kostet jeder Cocktail nur 7,20 Euro.

KRUGER'S AMERICAN BAR

1. Bezirk | www.krugers.at | Mo–Sa ab 18, So ab 19 Uhr | Krugerstr. 5 | Tel. 01 5 12 24 55

Bar tender

Kruger's American Bar

AUSSICHTS-REICH

Über den Wolken wird das Essen wohl wunderbar sein

EIN BLICK, DER GOLD WERT IST

Vorweg: Billig wird der Kaffee in der Skybar nicht. Der direkte Blick auf das Dach des Stephansdoms, die Innenstadt und auf das emsige Treiben der Kärntner Straße (wie gut, dass Sie nicht im Stress sind) ist es aber wert. Theoretisch können Sie übrigens den Blick auch kostenlos bekommen, indem Sie INSIDER TIPP mit dem Außenlift nach oben fahren und so das Panorama genießen.

➔ SKYBAR

1. Bezirk | **www.skybox.at | Mo–Fr 10–2, Sa 9.30–2, So 11–2 Uhr | Kärntner Str. 19 | Tel. 01 5 13 17 12**

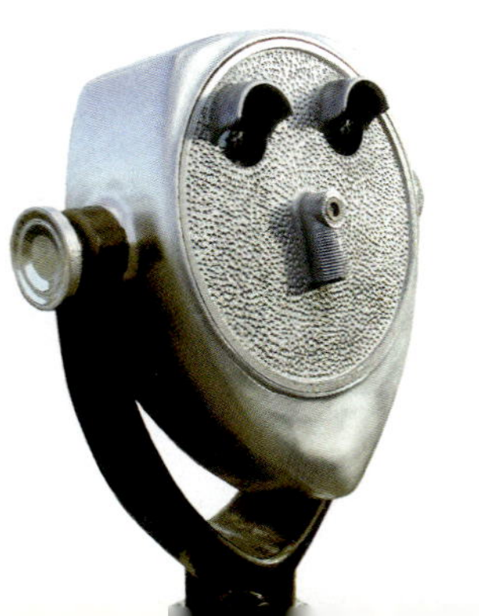

TOP-AUSSICHT IM TOP-HOTEL

Für einen abendlichen Sundowner mit Blick über die Ringstraße gibt es kaum eine bessere Adresse als das Dach des Ritz-Carlton. Und nein, Sie müssen sich dazu in dem Nobelhotel nicht einquartieren. Ganz oben lockt die Atmosphere Rooftop Bar mit spektakulärem Blick und feinen Cocktails.

➔ ATMOSPHERE ROOFTOP BAR

€€€ | 1. Bezirk | **www.ritzcarlton.com | April–Okt. tgl. 16–1 Uhr | Schubertring 5–7 | Tel. 01 3 11 88**

DAS MUSEUM IST KÜR, DIE AUSSICHT PFLICHT

In der Kuppel des Naturhistorischen Museums residiert ein ebenso elegantes wie traditionelles Wiener Kaffeehaus mit atemberaubendem Blick auf die umliegenden Palais. Wenn Sie an das Naturhistorische ungute Kindheitserinnerungen haben: Keine Sorge, Sie kommen auch direkt hin, um dort sehr gut und kostspielig zu essen. Oder Sie bestellen sich bloß einen Cappuccino und genießen die Aussicht.

➔ CAFÉ-RESTAURANT IM NATURHISTORISCHEN MUSEUM

€€€ | 1. Bezirk | **www.genussimmuseum.at | Mi–Mo 10–18.30 Uhr | Burgring 7 | Tel. 0664 9 66 48 20**

BALKONIEN DE LUXE

Eine Terrasse, hoch über den Dächern Wiens, rechter Hand das Museumsquartier, weiter links das Rathaus. Dazu ein weißer Spritzer in der Hand, und Sie fragen sich, warum es Leute gibt, die diese Stadt im Sommer verlassen. Am Dachboden des 25Hours Hotels gibt es eine famose Bar mit annehmbaren Getränkepreisen, die zum Besten gehört, was Wien zu bieten hat. Und wenn es draußen zu kühl ist? Die gemütliche Bar im Inneren hat eine breite Glasfront.

➔ DACHBODEN-BAR IM 25HOURS HOTEL

7. Bezirk | www.25hours-hotels.com/wien | tgl. 15–1 Uhr | Lerchenfelder Str. 1–3 | Tel. 01 52 15 10

MEHR ALS NUR BÜCHER

Der Blick über den Urban-Loritz-Platz mag nicht der allerschönste sein. Spannend zu beobachten ist das bunte Treiben rund um die Hauptbibliothek und den belebten Hauptverkehrsknoten im Fünfzehnten allemal. Über die großen Stufen gelangen Sie in das Café Oben, das über das verglaste Dach einen Blick in den Himmel erlaubt. Dort isst man auch sehr gut, vor allem Veganer und Vegetarier kommen auf ihre Rechnung.

➔ CAFÉ OBEN

15. Bezirk | www.oben.at | Mo–Do 10–23, Fr/Sa 9–23, So 10–15 Uhr | Urban-Loritz-Platz 2a | Tel. 01 5 22 72 68

HIMMELHOCH SCHMATZEND

So schlimm teuer ist es in 170 m Höhe gar nicht. Um gute 15 Euro bekommen Sie im Restaurant an der Spitze des Donauturms ein Kalbsbutterschnitzel mit Erdäpfel-Zellerpüree – und einen Blick über die gesamte Stadt, der Ihnen die Sprache verschlagen wird. Vorausgesetzt, das Wetter stimmt.

➔ RESTAURANT IM DONAUTURM

22. Bezirk | www.donauturm.at | tgl. 11.30–16, 18–24 Uhr | Donauturmstr. 4 | Tel. 01 2 63 35 72

IN DER UNTERWELT

Durch den Film »Der Dritte Mann« mit Orson Welles als Harry Lime wurde die Wiener Kanalisation weltberühmt. Bei der Tour zum Kultfilm geht es auf den Spuren der Charaktere durchs Kanalsystem. Die Führung ist weniger geeignet für Menschen mit Platzangst, für alle anderen ist Spannung garantiert!

➔ DRITTE-MANN-TOUR
1. Bezirk | | www.drittemanntour.at | Mai–Okt. Do–So 10–20 Uhr | 7 Euro | Start: Karlsplatz-Girardipark | Tel. 01 40 00 30 33 (Reservierung: Mo–Fr 7.30–16.30 Uhr)

WIEN VON UNTEN

In Wien leben viele Menschen, die meist unter der Wahrnehmungsschwelle bleiben. Bei Supertramps lernen Sie diese und ihr Wien kennen. Lassen Sie sich auf sehr speziellen Touren wie »Wien, meine Hoffnung« oder »Wien, mein Take-away-Restaurant« Ihre Heimat von einer anderen Seite zeigen. Alle Supertramps sind oder waren obdachlos. Gemeinsam mit Valerie Kattenfeld haben sie Touren aus ihrem früheren Leben für Sie zusammengestellt.

➔ SUPERTRAMPS
www.supertramps.at | Termine nach tel. Anmeldung | freie Spende (Richtwert 15 Euro) | Tel. 0660 7 73 43 22

So kann man Wien auch sehen!

Bitte wenden!

THIS SIDE UP!

WIEN, WIENERWALD UND WEITER

Gut, mit den Öffis ist der Weg etwas umständlich bis zur Jubiläumswarte auf der Vogeltennwiese. Aber es lohnt sich. Klettern Sie die 31 m nach oben – so viel Sport muss sein – und genießen Sie von der Spitze des eindrucksvollen Aussichtsturms an einem warmen Sommertag den Rundumblick über Wien und den angrenzenden Wienerwald. Das Vergnügen ist kostenlos!

➔ JUBILÄUMSWARTE
16. Bezirk | de.wikipedia.org/wiki/Jubiläumswarte | Winter geschl., sonst rund um die Uhr zugänglich | Johann-Staud-Str. 80

AUF DEN SPUREN VERGANGENER LUST

Haben Sie die Memoiren von Josefine Mutzenbacher gelesen? Die Wienerin führte zu Beginn des 19. Jahrhunderts ein aufregendes Leben als Dirne. Über ihre wahre Identität scheiden sich die Geister. Doch die Orte, die sie beschreibt, sind real. Mit einem Spaziergang können Sie sich durch das verruchte Wien der vorvergangenen Jahrhundertwende lotsen lassen. Achtung: Nicht für Kinder unter 14 Jahren!

➔ JOSEFINE-MUTZENBACHER-SPAZIERGANG
www.wienguide.at | Termine auf Anfrage | Tel. 0676 92 27 77 33

FRAU SEIN IN WIEN

Das soll auch und gerade Männern die Augen öffnen! Die Spezialistin für Gender Studies, Petra Unger, führt Sie zu den Wirkstätten wichtiger Frauen oder widmet sich szenischen Lesungen der Texte wesentlicher Autorinnen wie Helene von Druskowitz.

➔ WIENER FRAUENSPAZIERGÄNGE
frauenspaziergaenge.at | Termine auf der Website, buchen können Sie online | Tel. 0664 4 21 64 44

SONNE SATT

TEICHE, FONTÄNEN, SONNE

Zwischen Teichen mit Felsen und Fontänen, Skulpturen, einem Rosarium und Wasserspielen lassen sich die Sonnenstrahlen genießen. Sie sind – erraten! – im Schweizergarten und steuern gerade das Klein Steiermark an. Sehen Sie den riesigen, sonnigen Biergarten? Suchen Sie sich einen Platz ganz in der Mitte und lassen Sie die Seele baumeln …

➔ KLEIN STEIERMARK IM SCHWEIZERGARTEN

3. Bezirk | www.kleinsteiermark.wien | Mo–Sa 11.30–23 (Küche bis 22), So 11.30–16 Uhr | Heeresmuseumstr. 1 | Tel. 01 7 99 58 83

ISTANBUL IN KLEIN

Der einst heruntergekommene Yppenplatz mauserte sich in den letzten Jahren zu einem Bobo-Treffpunkt. Der weite Platz lässt viel Sonne rein, im Sommer spielen Straßenmusiker auf. Ein wenig hat sich der raue Charme von Klein-Istanbul noch erhalten. Am besten setzen Sie sich vor den Club International – den rustikalen Yppenplatz-Klassiker –, bestellen was zu trinken, sonnen sich und beobachten das bunte Treiben.

➔ CLUB INTERNATIONAL

16. Bezirk | www.ci.or.at | Mo–Sa 8–2, So 10–2 Uhr | Payergasse 14 | Tel. 01 4 03 18 27

NIX GEGEN DEN KELLER, ABER …

Klar können Sie auch in den Keller vom Artner am Franziskanerplatz gehen und sich dort nach einem guten Tröpfchen umsehen. Aber sobald draußen die Sonne scheint, ist es geradezu eine Sünde, nicht draußen zu sitzen. Der Franziskanerplatz – etwas versteckt gelegen im Ersten – gehört zu den malerischsten Plätzen Wiens. Genießen Sie die Sonne, einen Cappuccino und das Plätschern des kleinen Brunnens.

➔ ARTNER AM FRANZISKANERPLATZ

1. Bezirk | www.artner.co.at | Mo–Sa 12–24 Uhr | Franziskanerplatz 5 | Tel. 01 5 03 50 34

Chillen am Brunnen

im Artner am Franziskanerplatz

IN DER SONNENKOLONIE

Vor bald 120 Jahren gründete der schrullige Querdenker Florian Berndl beim Gänsehäufl eine Schrebergartenkolonie, die er »Neu Brasilien« nannte. Ganz so warm ist es dort im Sommer nicht – aber fast. Schmuckstück der Anlage ist das gleichnamige Restaurant am Wasser: ein Paradies für Sonnenhungrige. Auch der leibliche Hunger wird dort mit allerhand Fischspezialitäten zu recht moderaten Preisen gestillt.

➔ GASTHAUS NEU BRASILIEN

22. Bezirk | www.neubrasilien.at | tgl. 11–23 Uhr | An der unteren Alten Donau 61 | Tel. 01 2 03 12 92

SAG' ZUM ABSCHIED LEISE SONNE

Wenn sich die Sonne hinter den alten Flakturm schiebt, weiß man, dass die schönste Zeit des Tages vorüber ist – zumindest im Augarten-Café. Auf dem großen, offenen Platz hinter der Parkanlage lässt es sich trefflich Sonne tanken – und gerne auch einen nachmittäglichen Kaffee oder zwei. Sie können den Sonnenuntergang aber auch mit einem weißen Spritzer genießen.

➔ CAFÉ RESTAURANT AUGARTEN

2. Bezirk | www.augarten.at/restaurant | tgl. 9–22, Nov.–März bis 18 Uhr | Obere Augartenstr. 1 | Tel. 01 21 12 44 00

FAST WIE AM MEER

Ein wenig können Sie sich hier wirklich wie am Strand von Tel Aviv fühlen. Die superbequemen Plastiksessel kommen tatsächlich von dort, und der Sand könnte es zumindest. Für ein nachmittägliches Sonnenbad mit einem kühlen Drink gibt es wenig bessere Orte in Wien als diesen Beachclub am Donaukanal. Und wenn die Sonne untergeht, legt mit etwas Glück ein DJ auf.

➔ TEL AVIV BEACH

2. Bezirk | www.facebook.com/telavivbeach | April–Okt. tgl. 12–24 Uhr (bei Schönwetter) | Donaukanal Höhe Obere Donaustr. 65

WINTER-HÖHLEN

Essen, wo andere den Kachelofen anheizen

IMMER MIT DER RUHE!

Wenn es draußen mal wieder so richtig ungut ist und sich die Leute in der Straßenbahn gegenseitig angiften, gibt es einen wunderbaren Ausweg: Gehen Sie ins Café Jelinek! Dort gibt es einen uralten Holzofen, der manchmal so richtig kracht und herrlich riecht – als ob Sie in einer anderen Zeit wären. Versuchen Sie's: Schließen Sie die Augen zu und träumen sich hundert Jahre zurück. Aber vorher bestellen Sie noch einen kleinen Braunen und einen selbst gemachten Kuchen dazu.

➔ CAFÉ JELINEK

6. Bezirk | www.cafejelinek.steman.at | tgl. 9–21 Uhr | Otto-Bauer-Gasse 5 | Tel. 01 5 97 41 13

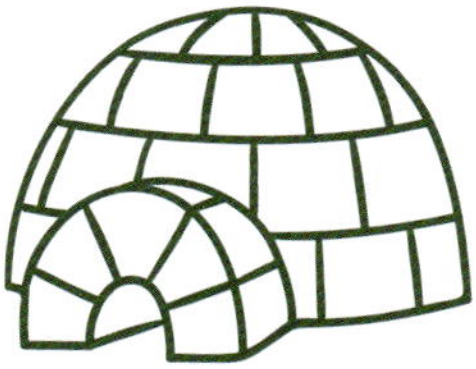

HIER RÜCKT MAN ZUSAMMEN

Der Name kommt nicht von irgendwoher, das Kleine Café ist wirklich sehr sehr klein klein. Hier können Sie gar nichts anderes machen, als zusammenrücken und sich mit den anderen Gästen wärmen. Vielleicht ergibt sich ja eine nette neue Bekanntschaft? Das kleine Café erinnert an ein französisches Bistro, das Publikum schätzt INSIDER TIPP die großen, günstigen Aufstrichbrote. Wenn es wieder wärmer ist, sollten Sie aber den Schanigarten am Franziskanerplatz ausprobieren.

➔ KLEINES CAFÉ

1. Bezirk | tgl. 10–2 Uhr | Franziskanerplatz 3

WINTERLICHES WOHNZIMMER DER WAHL

Die einen lieben den schummrigen Tresenraum, die anderen bevorzugen das noblere Eck mit weißen Tischdecken. Alle Stammgäste finden jedoch, dass das Amacord in der der kalten Jahreszeit das Wohnzimmer ihrer Wohnzimmer ist. Wie wäre es mit einem ausgiebigen Frühstück, während es draußen schneit? Oder doch etwas Handfestes zum Aufwärmen: INSIDER TIPP Weißwürste wie sonst nur in München.

➔ CAFÉ AMACORD

4. Bezirk | www.amacord-cafe.at | tgl. 10–1 Uhr | Rechte Wienzeile 15 | Tel. 01 5 87 47 09

SEHR KIMÜTLICH

Bei Kim Sohyi ist besonders heimelig, wenn es draußen kalt wird. Denn erstens ist das Restaurant so winzig, dass Sie sich sofort aufwärmen. Und zweitens serviert die Spitzenköchin in ihrem koreanischen Restaurant Speisen, die ein inneres Feuer entfachen: Spiritualität und Ganzheitlichkeit sind ihr wichtig. Nach eigenen Angaben kocht sie mit den fünf Elementen. Das schmeckt und wirkt gegen den Winterblues.

➔ KIM

€€€ | 9. Bezirk | www.sohyikim.com | Mi–Sa 12–15, 18–23 Uhr | Währinger Str. 46 | Tel. 0664 4 25 88 66

ZUM TEUFEL MIT DER MELANCHOLIE

Von außen unscheinbar, verbirgt sich in der recht schäbigen Arbeitergasse eines der feinsten Pubs Wiens. Im Rupp's mit seinen exzellenten schottischen Whiskys und der extragemütlichen Einrichtung lässt sich die Wintermelancholie elegant pflegen. Man kann sie aber auch einfach wegfeiern.

➔ RUPP'S

5. Bezirk | www.rupps.at | Mo–Do 19–2, Fr/Sa 19–3 Uhr | Arbeitergasse 46 | Tel. 01 5 45 22 84

KUCHEN SCHLÄGT KÄLTE

Aus dem früheren Pop-up-Projekt der Gebrüder Stitch wurde längst ein richtiges Kaffeehaus, tapeziert mit Schnickschnack aus vergangenen Jahrzehnten, der ein besonders heimeliges Gefühl vermittelt. Draußen ist es kalt? Egal. Bestellen Sie in der Vollpension einen von den hausgemachten Kuchen, vielleicht einen Likör dazu, und träumen Sie sich ans Meer.

➔ VOLLPENSION

4. Bezirk | www.vollpension.at | Di–So 9–22 Uhr | Schleifmühlgasse 16 | Tel. 01 5 85 04 64

IRGENDWIE SCHRÄG

Wer hat sich sowas bloß ausgedacht?

DAS ESSEN DER ZUKUNFT

Schon mal INSIDER TIPP Insekten gegessen? Es gibt Forscher, die in den extrem nährstoffreichen Viechern die Speisen der Zukunft sehen. Wie gesagt, der Zukunft. Wenn Sie sich schon jetzt überwinden möchten, wenden Sie sich an Christoph Thomann, dessen Start-up sich genau damit beschäftigt – und der eine Menge Kostproben bereithält.

➔ CHRISTOPH THOMANN

16. Bezirk | www.insektenessen.at | Termine laut Website | Brunnengasse 17 | Tel. 0699 12 34 49 78

Heute wie morgen essen bei Christoph Thomann

Klick!
Supersense Sinnesglück

SCHNECKLICH GUT

Schon mal Schnecken probiert, mehr noch: Wiener Schnecken? Wenden Sie sich nicht gleich ab, geben Sie dem Gugumuck eine Chance. Andreas Gugumuck hat es sich zur Aufgabe gemacht, seine Landsleute vom Genuss seiner selbst gezüchteten Weinbergschnecken zu überzeugen. Sie können in seinem Shop Schnecken-Erdäpfelgulasch kaufen oder an einem von drei Freitagen im Monat in seinem Bistro ein sechsgängiges Menü probieren. Aber Achtung: unbedingt reservieren!

➔ GUGUMUCK – WIENER SCHNECKENMANUFAKTUR

€€€ | 10. Bezirk | www.gugumuck.at | Bistro an drei Freitagen im Monat, Termine laut Website, 18–23 Uhr | Rosiwalgasse 44 | Tel. 0650 6 18 57 49

SECRET SERVICE

Grantige Barkeeper? Hier ganz bestimmt nicht. Denn im Rollercoaster mixen Roboter Ihre Cocktails. Das schräge Lokal im Zweiten ist ein echtes Erlebnis. Über eine digitale, internationale Speisekarte wählen Sie aus, was über Loopings im hausinternen Rollercoaster an Ihren Tisch gebracht wird. INSIDER TIPP Spezial-Cordon-Bleu mit Opatztem!

➔ ROLLERCOASTER

2. Bezirk | www.rollercoaster.rest | tgl. 11–23 Uhr | Riesenradplatz 6 | Tel. 01 9 43 26 04

BLIND DATE, ECHT JETZT

»Dialog im Dunkeln« ist eine Ausstellung, in der die Besucher einmal nicht über die Augen wahrnehmen. Nichtsehende Vermittler führen durch vollkommen dunkle Räume, in denen Alltagssituationen nachgestellt sind. Eine ganz besondere Erfahrung ist auch das Dinner im Dunkeln (Reservierung erforderlich).

➔ DINNER IM DUNKELN

1. Bezirk | www.imdunkeln.at | Di–Fr 9–18, Sa 10–19, So 13–19 Uhr | Freyung 6 | Führungen 18 Euro, Dinner im Dunkeln mit Führung Fr/Sa abends 75 Euro | Tel. 01 8 90 60 60

SO WINZIG UND SCHON EIN KAFFEEHAUS

Das mit Abstand kleinste Café der Stadt liegt unweit vom Prater. Und klein bedeutet: Das Klitzeklein ist ein Bretterverschlag, der selbst für eine Würstelbude mickrig wirken würde. Aber der Kaffee! Den kann man mitnehmen oder direkt an dem kleinen Stand trinken. Dazu gibt es Bio-Säfte und Kuchen!

➔ CAFÉ KLITZEKLEIN

2. Bezirk | www.cafeklitzeklein.at | Öffnungszeiten laut Website | Ausstellungsstr. 2 | Kontakt: office@cafeklitzeklein.at

DAS VERGESSENE ANALOG-GEFÜHL

Im Supersense können Sie sehen, fühlen, hören – und schmecken. Der ausgeflippte kleine Shop im Zweiten lockt nicht nur mit allerhand schrägen Projekten zur Ehrenrettung der halb vergessenen analogen Welt (Sie können zum Beispiel INSIDER TIPP in einer umgebauten Telefonzelle eigene Schallplatten aufnehmen). Nein, Sie werden dort auch pippifein essen und brauchen sich nicht zu sorgen: Der Käse in der gemischten Platte ist nicht analog.

➔ THE SUPERSENSE

2. Bezirk | the.supersense.com | Di–Fr 9.30–19, Sa 10–17 Uhr | Praterstr. 70 | Tel. 01 9 69 08 32

HAT STYLE

Echte Schönheit kommt vom Innenarchitekten

EIN KAISERLICHES VERGNÜGEN

Am Rande der Praterhauptallee steht diesem nach dem Zweiten Weltkrieg wiederaufgebaute Juwel aus dem 19. Jahrhundert. Das Lusthaus, ein rundes Gebäude auf zwei Stockwerken, ist geschichtsträchtig, vor allem aber wahnsinnig charmant. Fast könnte man glauben, dass der alte Kaiser jeden Moment um die Ecke gebogen kommt, um eine der allerdings maßlos überteuerten Haustorten zu verspeisen.

➔ LUSTHAUS WIEN

2. Bezirk | www.lusthaus-wien.at | Do–Di 12–17 Uhr | Freudenau 254 | Tel. 01 7 28 95 65

LEIDEN MIT DEM MALERFÜRSTEN

Gustav Klimt hat es, wie man hört, hier nicht immer genossen. In seinem Gartenhaus im Dreizehnten habe er sich an seinen Bildern ziemlich »abgerackert«, klagte er Zeitgenossen. Unsereiner würde freilich ganz gerne tauschen und in der vor wenigen Jahren rundum erneuerten Villa mit den beiden prächtigen Stiegen einziehen. Es muss ja kein Atelier mehr werden.

➔ KLIMT VILLA

13. Bezirk | www.klimtvilla.at | April–Dez. Do–So 10–18 Uhr | Feldmühlgasse 11 | Tel. 01 8 76 11 25

HINTER KIRCHENFENSTERN

Ein Erlebnis soll es sein, nicht bloß eine schnöde Bar oder ein Restaurant? Das ist das Blue Mustard in der Tat: Mit seinen überdimensionierten Kirchenfenstern und der geschmackvollen Einrichtung gehört das frische Lokal im Ersten schon jetzt zu den architektonischen (und kulinarischen) Sensationen der Stadt.

➔ BLUE MUSTARD

1. Bezirk | bluemustard.at | Mo–Do 17–2, Fr/Sa 17–4 Uhr | Dorotheergasse 6-8 | Tel. 01 9 34 67 05

VERKEHRTE WELT

Das umgedrehte, rot-weiße Bergmassiv an der Decke mag am Anfang irritieren. Sobald sich das Auge an die INSIDER TIPP schräge Inneneinrichtung gewöhnt hat, lässt einen die mutige Architektur nicht mehr los. Das Lokal gehört nicht nur zu den feschesten, sondern auch zu den gemütlichsten der Stadt.

➔ IF DOGS RUN FREE

6. Bezirk | www.ifdogsrunfree.com | Mo–Do 18–2, Fr/Sa 18–4 Uhr | Gumpendorfer Str. 10 | Tel. 01 9 13 21 32

Schlicht modern

If Dogs Run Free, so why not we?

IMMER WIEDER VON NEUEM WUNDERBAR

In der Liga der verrückten Lokale spielt das Dots mit seiner alle paar Jahre wechselnden Inneneinrichtung ganz vorne mit. Doch wie sich das Sushi-Restaurant im Sechsten auch verwandelt: Seinen prägnanten Stil verliert es nie. Der schrägen Coolness dieser Location kann nicht einmal das bunte Lametta an den Wänden etwas anhaben.

➔ DOTS

6. Bezirk | www.dots-lounge.com | Mo–Sa 12–24, So 17–24 Uhr | Mariahilfer Str. 103 | Tel. 01 9 20 99 80

EIN LEBEN OHNE ECKEN UND KANTEN

Vermutlich würden einen die gewölbten Böden im Alltag doch recht bald in den Wahnsinn treiben. Außerdem würde man sich auf 1600 Quadratmetern wohl verlaufen. Doch es bleibt eine charmante Vorstellung, für eine Weile im Hundertwasserhaus Quartier zu beziehen, das der weltberühmte Künstler vor mehr als 30 Jahren geplant hat. Was ihn dabei umtrieb, erzählt Ihnen der längst verstorbene Visionär in einem Video, das Sie sich im Rahmen der dauerhaften Ausstellung zu Gemüte führen können.

➔ HUNDERTWASSERHAUS

3. Bezirk | www.hundertwasser-village.com | Besichtigung tgl. 9–19 Uhr | Kegelgasse 37–39

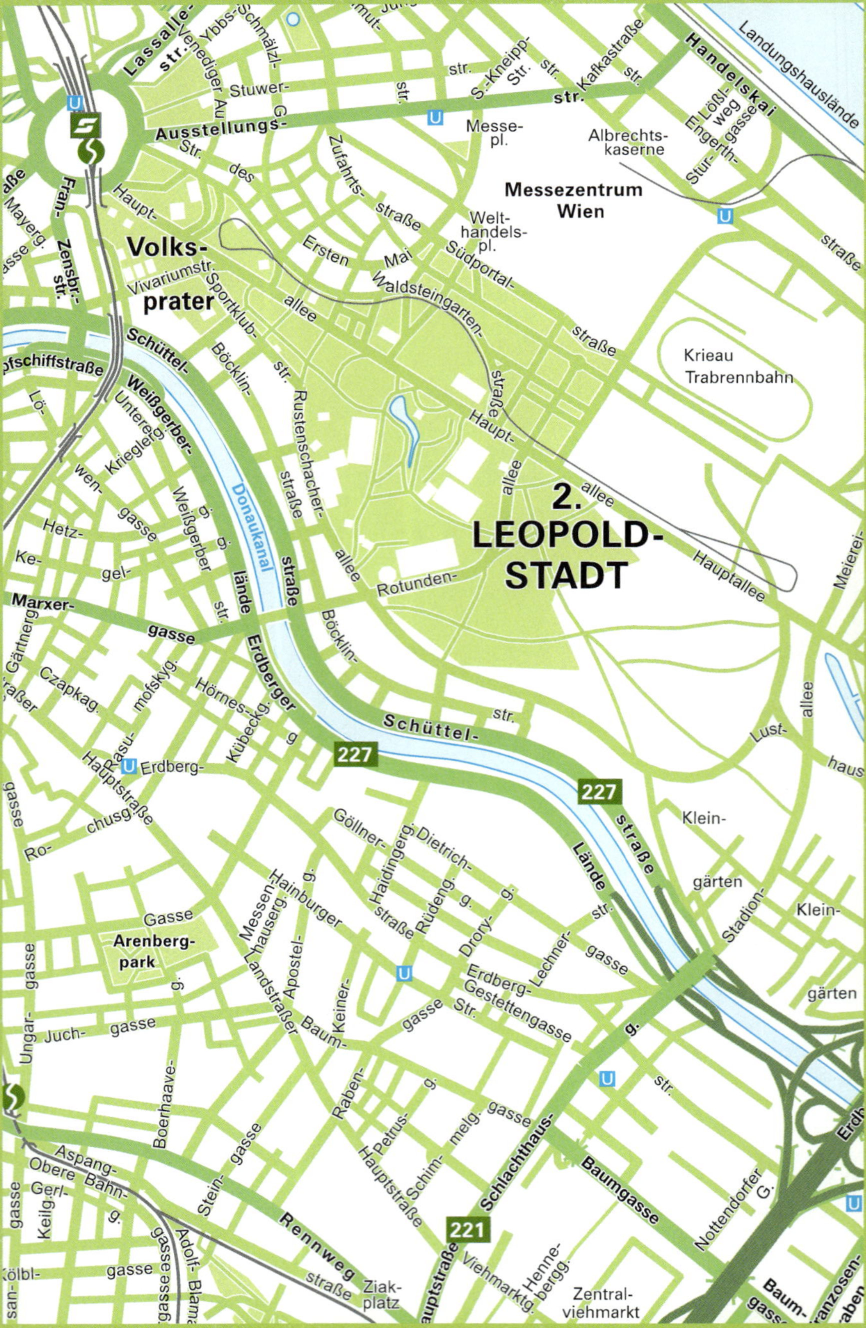

Messezentrum Wien
Volks-prater
Krieau Trabrennbahn
2. LEOPOLD-STADT
Albrechts-kaserne
Messe-pl.
Welt-handels-pl.
Arenberg-park
Zentral-viehmarkt
Handelskai
Landungshauslände
Ausstellungs-str.
Hauptallee
Schüttel-str.
Donaukanal
Weißgerber-lände
Erdberger Lände
Rennweg
Schlachthausg.
Baumgasse
Marxergasse
Rotunden-allee
Rustenschacher-allee
Waldsteingarten-straße
Südportal-straße
Lassallestr.
Kafkastraße
Stadion-allee
Landstraßer Hauptstraße
227
221

DIE JAHRESZEITEN IM STADTVIERTEL-CHECK

Innere Stadt

1 Frühling

PACK' DIE KNICKERBOCKER AUS

Sie sind im Herzen ein Landei? Bleibt eh unter uns. Wenn Sie Bock auf Kernöl-Folklore, Volksmusik und Schilcher haben, dann ab zum Steiermark-Frühling am Rathausplatz. Wenn's alle tun, geht das Tracht-Outing smooth und ohne blöde Sprüche.

➔ **STEIERMARK-FRÜHLING**

1. Bezirk | www.steiermark.com/wien | 5.–8. April 2018 | Rathausplatz | Tel. 0316 4 00 30

2 Sommer

MACH' KEINE OPER! DOCH!

Sauheiß, obwohl es schon spät ist? Die Hitze macht Sie entscheidungsunlustig? Warum nicht mal Oper? Echt jetzt. Dazu müssen Sie sich im Sommer nicht schön anziehen, Sie können sich sogar ein Bier mitnehmen. Und es kostet nix, weil die Staatsoper ausgewählte Stücke auf einer riesigen Leinwand im Freien zeigt.

➔ **OPER LIVE**

1. Bezirk | www.wiener-staatsoper.at | Vorführung im April, Mai, Juni und September | Herbert-von-Karajan-Platz

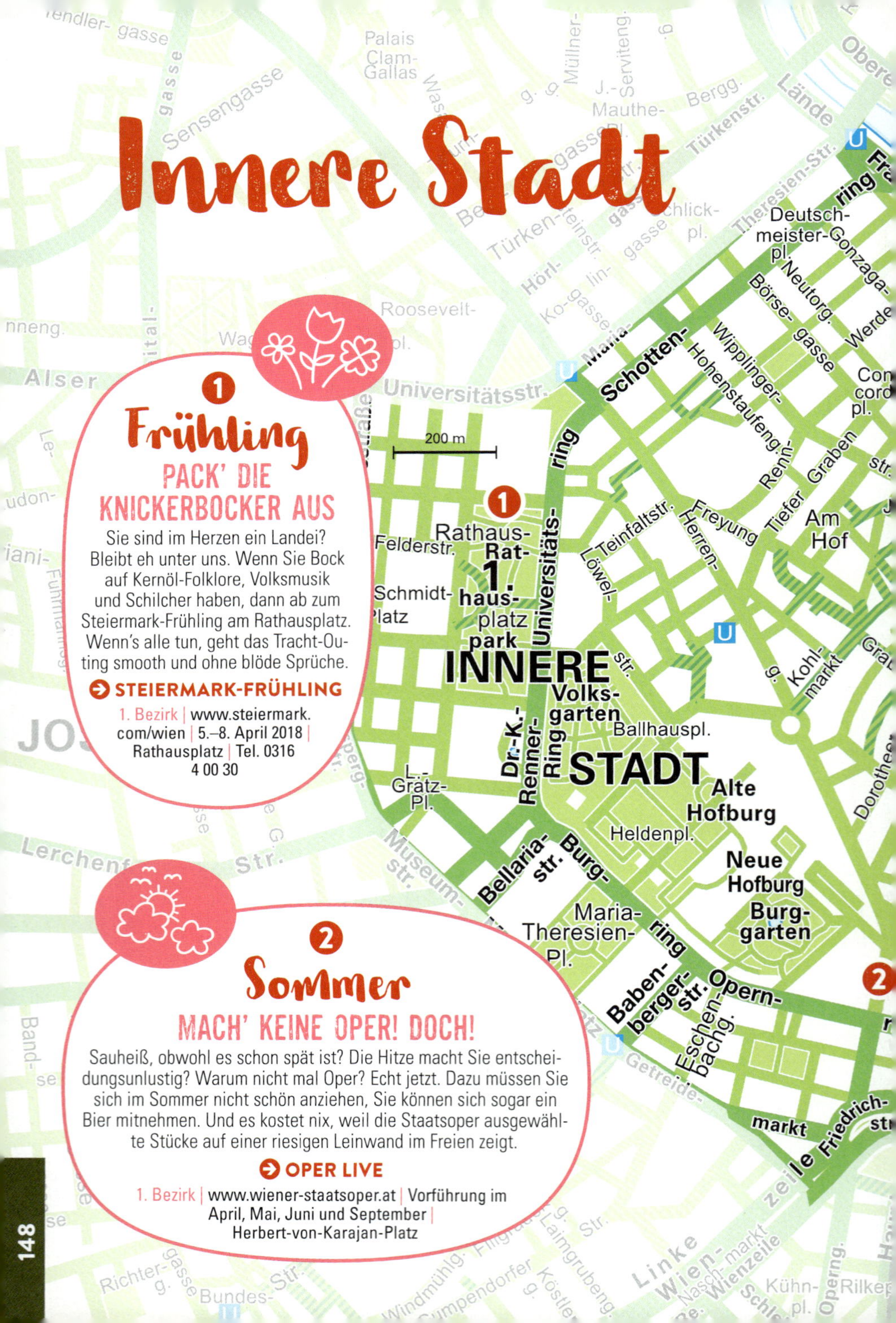

3 Herbst

SCHÖNER LEIDEN IN WIEN

Die Herbstmelancholie gehört dazu, Sie sind in Wien. Genießen Sie es. Wie wäre es mit einem Spaziergang im Stadtpark? Wenn Sie den Blättern beim Runterfallen zusehen, wissen Sie: So schön kann Vergänglichkeit sein.

➔ STADTPARK

1. Bezirk | www.wien.gv.at/umwelt/parks/anlagen/stadtpark.html

4 Winter

HÖRT DIE KÄLTE DENN NIE AUF?

Ach was, Winter! Schauen Sie doch mal bei Steffl vorbei. In dem Nobelladen gibt's um die Jahreszeit INSIDER TIPP günstige Restposten aus der warmen Zeit. Aber: Der Frühling kommt – versprochen!

➔ STEFFL

1. Bezirk | www.steffl-vienna.at | Mo–Fr 10–20, Sa 9.30–18 Uhr | Kärntner Str. 19 | Tel. 01 93 05 60

Nordwesten

1

Frühling

NATUR, OIDA!

Echt jetzt, raus aus den Federn, der Türkenschanzpark blüht. Die riesige Anlage mit Teichen, Flüssen und Springbrunnen ist für viele der schönste Park Wiens. Hier kommen garantiert Frühlingsgefühle auf – am besten, wenn man zu zweit hingeht.

➔ TÜRKENSCHANZPARK

18. Bezirk | zwischen Peter-Jordan-, Gregor-Mendel-, Hasenauer- und Max-Emanuel-Straße

2

Sommer

STILL AM SEE

Es muss nicht immer Baden sein. Das kann kann man am Hanslteich nämlich nicht. Aber dafür eignet er sich sehr für romantische Bootsfahrten. Steuern Sie eine schattige Stelle unter Bäumen an und genießen Sie die Stille.

➔ HANSLTEICH

17. Bezirk | www.klee.wien | Amundsenstr. 10 | Tel. 01 4 80 51 50

3

Herbst

SCHÖNER SCHMÖKERN

Schon mal in die »Strudlhofstiege« von Heimito von Doderer reingelesen? Klassiker, eh wissen, und eine opulente Lektüre für den Bücherherbst – am besten auf der

➔ STRUDELHOFSTIEGE

9. Bezirk | de.wikipedia.org/wiki/Strudlhofstiege | zwischen Strudlhofgasse und Liechtensteinstraße

4

Winter

REISEN OHNE TICKET

Wenn es draußen kalt ist und Sie gerne woanders wären, empfiehlt sich ein Besuch im Sprachcafé. Dort ist zwar auch Winter, aber dafür können Sie mit Leuten aus aller Welt reden – und INSIDER TIPP spielerisch neue Sprachen lernen.

➔ SPRACHCAFÉ

9. Bezirk | www.agendaalsergrund.at/projekte-detail/sprachcafe.html | jeden 2. Do im Monat 17–19 Uhr, kostenlos | Galileigasse 8 | Tel. 01 3 15 78 76

Osten

1 Frühling

ES GRÜNT SO GRÜN

Ein Oreganostrauch, ein paar Tomaten ziehen: Das kriegen doch auch Sie hin. zumindest im Gemeinschaftsgarten unter Anleitung. Wo? Im Sophiengarten. Einfach ausprobieren.

➔ SOPHIENGARTEN

3. Bezirk | www.facebook.com/Sophiengarten | Erdberger Lände 6

2 Sommer

RUHEOASE IM ZWEITEN

Es ist H-E-I-S-S, und sie wollen bloß ein wenig Ruhe und Kühle. Ab in den Prater. Nein, nicht auf den Rummelplatz, in den Grünen Prater, wo jahrhundertealte Bäume Schatten spenden.

➔ GRÜNER PRATER

2. Bezirk | www.wien.info/de/orte/prater | zwischen Praterstern und Winterhafen | Tel. 01 40 00 80 42

3 Herbst

BEQUEMER CRUISEN

Eine Radtour muss nicht anstrengend sein. Besonders gechillt fahren Sie im Herbst – wenn es nicht zu heiß und nicht zu kalt ist – entlang des Donaukanals, garantiert ohne Steigung. Starten Sie zum Beispiel beim Wettsteinpark und lassen Sie sich einfach treiben.

➔ DONAUKANAL

2. Bezirk

4 Winter

RAUF AUF DIE RODEL

Zum Schlittenfahren müssen Sie die Stadt nicht verlassen. Eine kleine, aber feine Abfahrt finden Sie – Schnee vorausgesetzt – auf der Jesuitenwiese.

➔ JESUITENWIESE

2. Bezirk | www.wien.gv.at/wiki/index.php/Jesuitenwiese | Schneetelefon 01 4 00 09 72 00

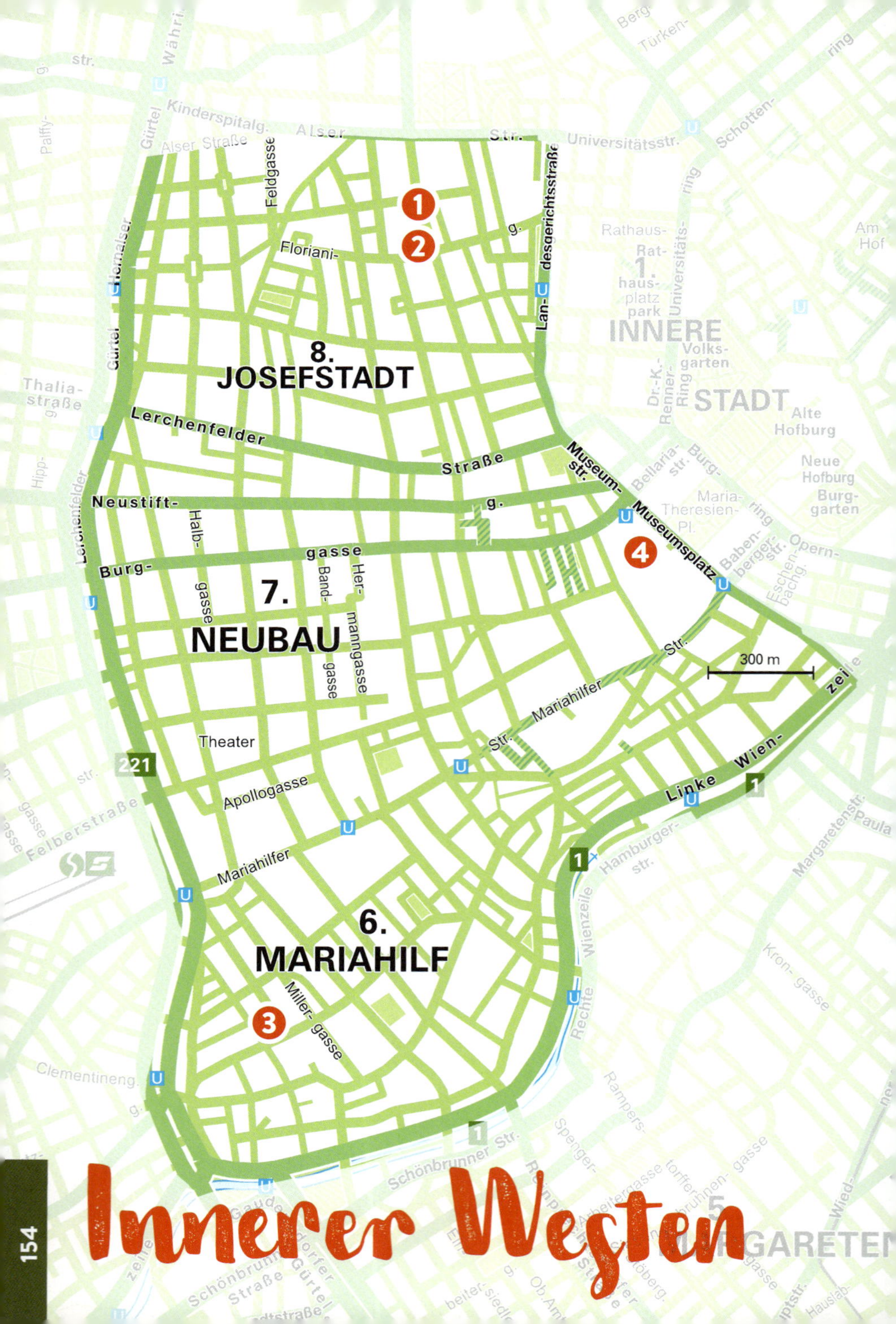

Innerer Westen

1

Frühling

WAS HEISST HIER GRÜNER DAUMEN?

Frühlingsputz in der Wohnung ist mal wieder angesagt: check. Aber irgendwas fehlt noch, oder? Genau, Blumen. Besonders schöne bekommen Sie bei

➔ DOLL'S BLUMEN

8. Bezirk | www.florist.at | Mo–Fr 9–18.30, Sa 9–15 Uhr | Lange Gasse 62 | Tel. 01 4 05 95 31

2

Sommer

IN DER KÜRZE LIEGT DIE WÜRZE

Sommerliche Freiluftkinos gibt es einige. Aber das dotdotdot beim Volkskundemuseum ist außergewöhnlich: Hier werden Kurzfilme gezeigt, die Sie garantiert nirgendwo anders zu sehen bekommen.

➔ DOTDOTDOT

8. Bezirk | www.dotdotdot.at | jeden Mi ab 18 Uhr im Schönbornpark

3

Herbst

HALLO NACHBAR!

Wenn es kühler wird und die Blätter von den Bäumen fallen, rücken die Menschen zusammen. Eine super Möglichkeit, neue Leute kennenzulernen ist das

➔ NACHBARSCHAFTSZENTRUM MARIAHILF

6. Bezirk | www.nachbarschaftszentren.at/nz6/zentrum | Mo, Mi, Do 8.30–12, 13–17, Di 8.30–12, 13–16, Fr 8.30–13 Uhr | Bürgerspitalgasse 4–6 | Tel. 01 5 97 36 50

4

Winter

GLÜHEN MIT WEINEN UND STIL

Kein Fan von weihnachtlichen Glühweinständen? Geben Sie denen im Museumsquartier wenigstens eine Chance. Nirgendwo anders in der Stadt ist das Bibbern im Freien so hip.

➔ WINTER IM MQ

7. Bezirk | www.mqw.at | Anfang Nov.–23. Dez. tgl. | Museumsplatz 1/5 | Tel. 01 5 23 58 81

Ottakring & Rudolfsheim

1 Frühling

AUSWANDERN? STADTWANDERN!

Sind Sie volksliedfest? Würden Sie gerne... Na dann! Ausprobieren, beim »Singen im Frühling« im Volksliedwerk.

➔ SINGEN IM FRÜHLING

16. Bezirk | www.wienervolksliedwerk.at | Termine laut Website | Gallitzinstr. 1 | Tel. 01 4 16 23 66

2 Sommer

KLEIN-ISTANBUL

Kein Urlaub im Sommer? Kein großes Reisebudget für einen Türkei-Urlaub? Nicht traurig sein, es gibt den Brunnenmarkt – da fühlen Sie sich gleich wie in Istanbul.

➔ BRUNNENMARKT

16. Bezirk | www.wien.gv.at/freizeit/einkaufen/maerkte/lebensmittel/brunnenmarkt.html | Mo–Fr 6.30–19.30, Sa 6–17 Uhr | Brunnengasse 8 | Tel. 0800 9 35 56 96 27

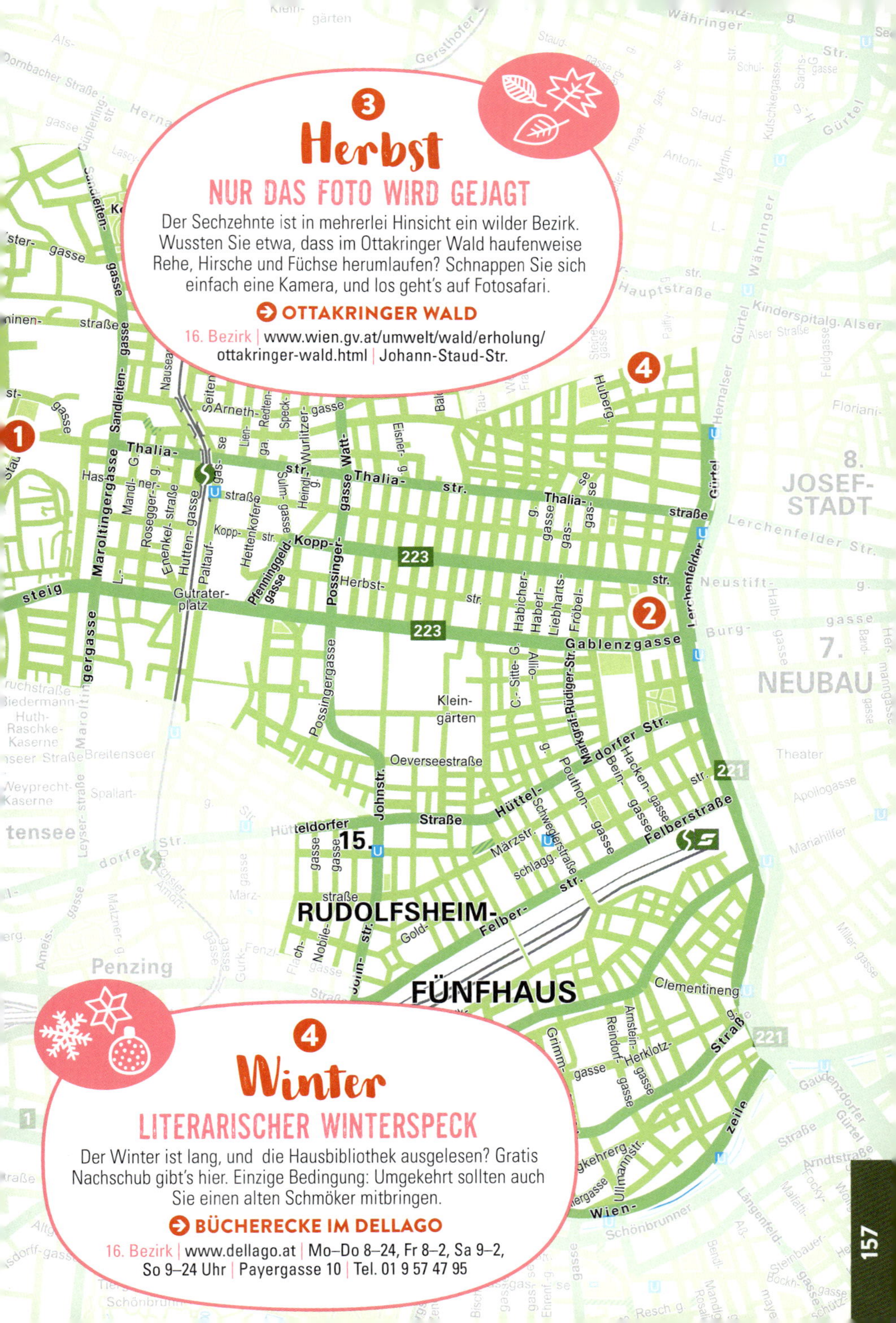

3 Herbst

NUR DAS FOTO WIRD GEJAGT

Der Sechzehnte ist in mehrerlei Hinsicht ein wilder Bezirk. Wussten Sie etwa, dass im Ottakringer Wald haufenweise Rehe, Hirsche und Füchse herumlaufen? Schnappen Sie sich einfach eine Kamera, und los geht's auf Fotosafari.

➔ OTTAKRINGER WALD

16. Bezirk | www.wien.gv.at/umwelt/wald/erholung/ottakringer-wald.html | Johann-Staud-Str.

4 Winter

LITERARISCHER WINTERSPECK

Der Winter ist lang, und die Hausbibliothek ausgelesen? Gratis Nachschub gibt's hier. Einzige Bedingung: Umgekehrt sollten auch Sie einen alten Schmöker mitbringen.

➔ BÜCHERECKE IM DELLAGO

16. Bezirk | www.dellago.at | Mo–Do 8–24, Fr 8–2, Sa 9–2, So 9–24 Uhr | Payergasse 10 | Tel. 01 9 57 47 95

Wieden & Margareten

1 Frühling

RAUS AUS DER STUBE

Im Fünften kann man nix draußen machen? Papperlapapp, das ist ein Vorurteil! Die ersten Sonnenstrahlen lassen sich zum Beispiel auf der Wientalterrasse wunderbar genießen.

➔ WIENTALTERRASSE

5. Bezirk | zwischen Spengergasse und Redergasse

2 Sommer

DURCHHÄNGEN KANN LEBEN RETTEN

Wenn Durchhänger in der Hitze, dann richtig – in einer der vielen INSIDER TIPP Hängematten im Bruno-Kreisky-Park. Mit etwas Glück gibt's am Abend kostenloses Freiluftkino.

➔ BRUNO-KREISKY-PARK

5. Bezirk | Ecke Margaretengürtel/Schönbrunnerstr.

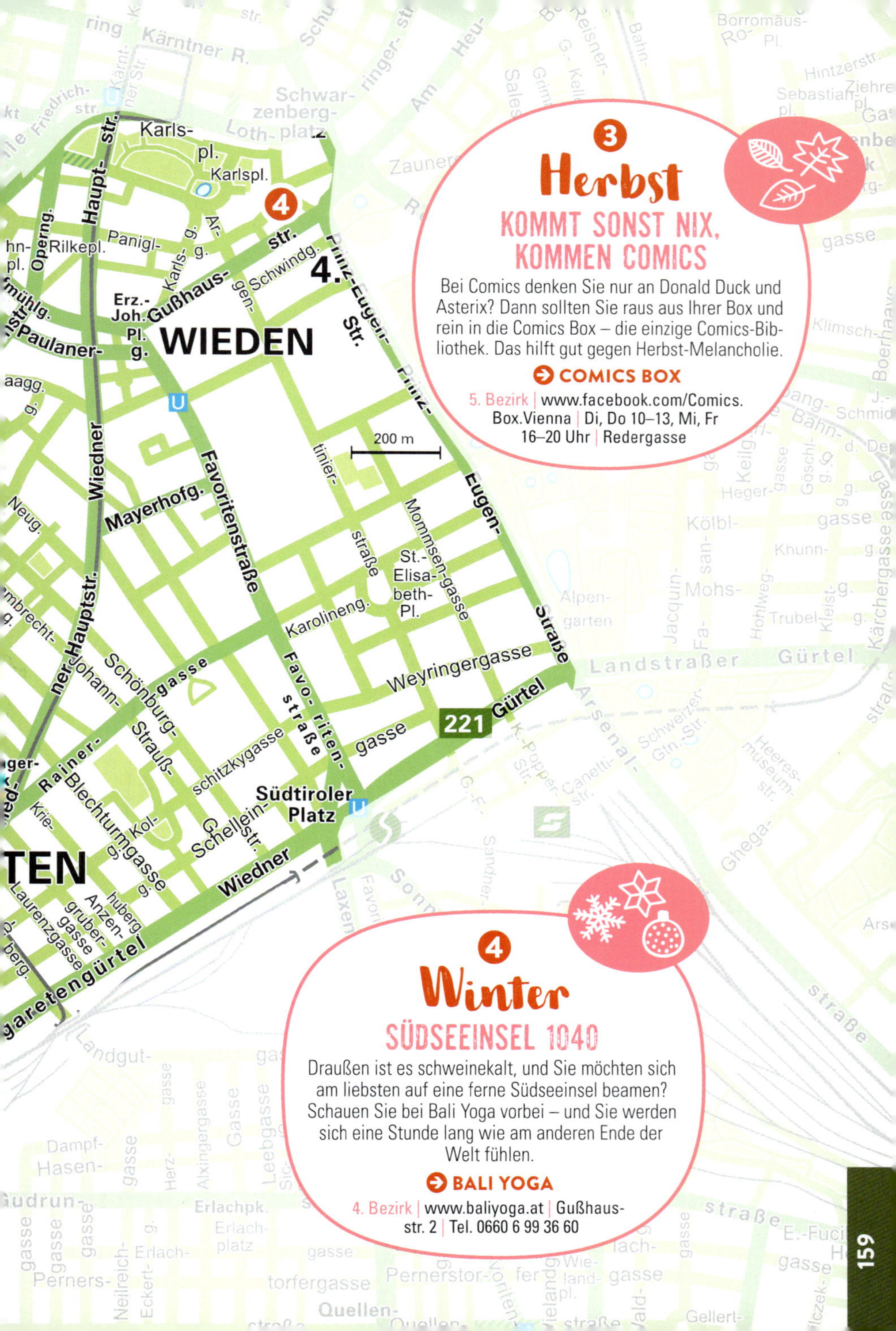

3

Herbst

KOMMT SONST NIX, KOMMEN COMICS

Bei Comics denken Sie nur an Donald Duck und Asterix? Dann sollten Sie raus aus Ihrer Box und rein in die Comics Box – die einzige Comics-Bibliothek. Das hilft gut gegen Herbst-Melancholie.

➔ COMICS BOX

5. Bezirk | www.facebook.com/Comics.Box.Vienna | Di, Do 10–13, Mi, Fr 16–20 Uhr | Redergasse

4

Winter

SÜDSEEINSEL 1040

Draußen ist es schweinekalt, und Sie möchten sich am liebsten auf eine ferne Südseeinsel beamen? Schauen Sie bei Bali Yoga vorbei – und Sie werden sich eine Stunde lang wie am anderen Ende der Welt fühlen.

➔ BALI YOGA

4. Bezirk | www.baliyoga.at | Gußhausstr. 2 | Tel. 0660 6 99 36 60

REGISTER

FSC
www.fsc.org
MIX
Papier aus verantwortungsvollen Quellen
FSC® C004599

IMPRESSUM

8. Auflage 2018, Beste Stadt der Welt – Wien 2018 (Cityguides)

Chefredaktion: Marion Zorn
Verlagsredaktion: Susanne Heimburger, Johanna Jiranek
Gesamtredaktionelle Betreuung: derschönstesatz (Lucia Rojas)
Lektorat: Sebastian Schaffmeister
Autor: Wolfgang Rössler
Ko-Autoren: Maximilian Brustbauer, Anita Ericson, Clara Gallistl, Johanna Jenner, Sabrina Krain, Heidi Rietsch, Ruth Weismann, Anne Zimmermann
Fotograf: Toni Anzenberger
Bildredaktion: Gabriele Forst
Kartografie Touren- und Stadtviertelkarten: © MAIRDUMONT, Ostfildern
Vermarktung: MAIRDUMONT MEDIA, media@mairdumont.com
Gestaltung Cover: Karl Anders, Hamburg – Studio für Brand Profiling; Illustrationen Cover: Superherodesign, Stuttgart
Innengestaltung: Superherodesign, Stuttgart

Printed in Germany.

BILDNACHWEIS

T. Anzenberger (Klappe oben, Klappe Mitte, Klappe unten, 7 o., 8, 11, 12, 15, 17, 18, 23 o., 24 u., 31, 33, 34, 37, 38, 41, 48, 51, 52, 54, 59 o., 60, 64, 66, 70, 73 u., 75, 81 o., 84, 87, 88 u., 91, 95, 97, 100, 103, 105, 108, 111, 115, 117, 118, 121, 122, 129, 131, 133, 137, 138, 141, 142, 145, 164); mauritius images (2 re., 112/113), N. Frei (123), haag+kropp (134 re.), A. Killian (88 o.), Schöttger (74); mauritius images/age fotostock: vedrosn (106); mauritius images/Alamy: AKP photos (125), D. Barba (132), S. Burford (46), S. Fesenko (7 u.), S. French (42), N. Kostenyukova (140), H. Sessions (24 o., 30), M. Tielemanns (92), W. Wiskerke (53), Zoonar (101, 110); mauritius images/artpartner (39, 73 o.); mauritius images/blendimages (2 M., 28), J. Lund (3 li., 78); mauritius images/calaimages: R. Daly (2 li.); mauritius images/chromorange: B. Kägi (76); mauritius images/Cultura: D. Lewis-Harrison (98); mauritius images/foodcollection (3 Mi., 35, 36, 44, 67, 102, 104, 126); mauritius images/imagebroker: S. Belcher (23 u.), C. Brignell (82), M. Brunner (72), creativ studio heinemann (68), O. Maksymenko (134 li.), M. Redmann (62), M. Weber (26), A.-S. Wittwer (81 u.); mauritius images/imagebroker/foodcollection (14); mauritius images/imagesbroker: M. Hauser (10); mauritius images/photononstop: C. Abad (59 u.); mauritius images/pixtal (20); mauritius images/Westend61: S. Kranfeld (109); mauritius images/weststudios (65)

SCHREIBEN SIE UNS!

LIEBE LESERIN, LIEBER LESER
Wir setzen alles daran, Ihnen möglichst aktuelle Informationen zu geben. Dennoch schleichen sich manchmal Fehler ein – trotz gründlicher Recherche unserer Autoren/-innen.
Sie haben sicherlich Verständnis, dass der Verlag dafür keine Haftung übernehmen kann.
Wir freuen uns aber, wenn Sie uns schreiben:

Marco Polo Redaktion
MAIRDUMONT
Postfach 31 51
73751 Ostfildern,
info@marcopolo.de

AUTOR & FOTOGRAF

WOLFGANG RÖSSLER

Musste an einem regnerischen Novembernachmittag im Café Weidinger verblüfft feststellen, dass er sich in Wien zu Hause fühlt. Ursprünglich kommt er aus Kärnten, wo er für eine Lokalzeitung über Politik berichtete. Jetzt lebt und arbeitet er als freier Journalist und Autor in Wien. Kontakt: www.wolfgangroessler.com

TONI ANZENBERGER

Hat die Hoffnung aufgegeben, dass seine Heimatstadt (wie einst im Jahr 1910) wieder zur fünftgrößten Stadt der Welt werden wird. Er sieht mit Begeisterung, dass sie immer weiter wächst, internationaler wird und vor positiver Energie nur so strotzt. Dem typisch grantigen Kellner begegnet er nur noch selten. Kontakt: www.tonianzenberger.com